걸어 다니는
천사 이야기

일러두기

1. 이 책에 등장하는 '요셉의집' 등장 인물은 모두 가명입니다.

2. 본문에서 인용한 성경은 대한성서공회 새번역입니다.

3. 본문에서 다소 생경한 표현이나 시제도 글쓴이의 뜻을 존중하여 대부분
   그대로 살렸습니다.

걸어 다니는
천사 이야기

글·김재신

비아토르

사마리아 여인의 말을 듣고

예수님께로 나왔던 사람들이 나중에 했던 말처럼,

나 자신이 직접 보고 들었기 때문에

확실히 믿을 수밖에 없습니다.

더 이상의 다른 설명이나 설득이 필요하지 않은

나 자신은

참 행복합니다.

나를 만드신 분은 분명히 하나님입니다.

나를 하나님의 모양대로 만들어 주셨습니다.
그리고 내 코에 생명의 기운을 불어넣어 주셨습니다.

"내가 거룩하니 너도 거룩하게 살라"고 말씀하셨습니다.
순종하지 않는 나에게 예수님을 보내 주셔서,
그 아들처럼 살라고 본을 보여 주셨습니다.
그렇게 살면 항상 나와 함께하겠다고 약속하셨습니다.

나는 하나님, 예수님 이야기를 좋아합니다.
천사 이야기도 좋아합니다.

하나님, 예수님을 만나려면 어떻게 해야 하는지
알고 싶어서,
성경 읽는 것도 좋아합니다.

성경을 읽다가 소리 내어 웃기도 합니다.
한번은 신약을 읽다가
"하나님은 휴업 중이십니까?"라고 여쭈었더니,
"예끼, 이놈! 아니다.
내가 직접 간섭하면 다 쓸어버리고 싶어질까 봐
참고 있는 중이다"라고 하십니다.

때로는 성경을 읽다가 화가 나기도 합니다.
그래서 욕을 하고 싶어지면,
"너는 좀 다르냐?" 하는 마음의 소리에 놀라기도 합니다.
어떤 때는 성경을 읽다가 울기도 합니다.

성경에서 좋아하는 본문은 복음서입니다.

특별히 예수님이 부활하신 다음에

마리아에게 제일 먼저 나타나신 이야기가 참 좋습니다.

제자들은 마리아에게서 예수님이 살아나셨다는

말을 들었습니다.

그래서 무덤에 가서 눈으로 직접

확인한 제자들도 있었습니다.

부활하신 예수님이 제자들 앞에 나타나셨을 때,

제자들의 마음이 어떠했을지 떠올려 봅니다.

예수님이 수치 당하시고 고통을 겪고 계실 때

외면하고 멀리 도망갔던

그 제자들의 입장을 떠올려 봅니다.

얼마나 무안하고 죄송하고 창피했을까.

근심이 가득하고 두려웠을 것입니다.

예수님은, 못 자국 난 손과

창에 찔린 옆구리를 보여 주시면서

너희 잘못을 내가 대신 감당했다고 말씀하십니다.

비겁한 제자들을 다시 돌아오게 해 주신 주님이 좋습니다.
그리고 성령을 보내 주십니다.

복음서를 읽다 보면
천사 이야기를 자주 만납니다.
마태복음 18장 10절을 보면,
"너희는 이런 어린아이 하나라도
업신여기지 않도록 조심하라.
그들의 천사들이 하늘에 계신 내 아버지를
항상 뵙고 있다"(현대인의성경)는 말씀이 있습니다.
이 말씀을 읽으며 생각합니다.
'내 천사도 그곳에 있겠지,
내가 어린아이처럼 믿기만 한다면.'

하나님이 나의 모든 언행을 지켜보시다가,
필요할 때는 그 천사를 통해서
도와주실 거라는 믿음이 있습니다.
지금도 마음이 막막하고 버거워지려고 하면,
어느 순간 나타나서 도와주셨던 일들을 떠올립니다.

그러면 다시 마음에 평안이 찾아오고,
잃었던 미소를 되찾게 됩니다.

사마리아 여인의 말을 듣고
예수님께로 나왔던 사람들이 나중에 했던 말처럼,
나 자신이 직접 보고 들었기 때문에
확실히 믿을 수밖에 없습니다.
더 이상의 다른 설명이나 설득이 필요하지 않은
나 자신은 참 행복합니다.

즐거운 일이 너무 많아서,
해야 할 일들로 너무 바빠서,
예수님 생각할 여유가 없어진 세상입니다.

하지만 어느 누구도
시간을 잡아서 묶어 놓을 수는 없으니
세월은 흘러갈 수밖에 없고,
내내 평안하고 행복하기를 원하는 이들,
지쳐서 잠깐의 쉼이 필요한 이들에게,

이 책이 주님을 만날 수 있는

공간이 되어 주기를 바랍니다.

2020년 4월, 부활 주일 오후에

차 례

꿈에 뵌 예수님

주님께서 대답하셨다. 내가 나의 모든 영광을 네 앞으로 지나가게 하고, 나의 거룩한 이름을 선포할 것이다. 나는 주다. 은혜를 베풀고 싶은 사람에게 은혜를 베풀고 불쌍히 여기고 싶은 사람을 불쌍히 여긴다. 주님께서 다시 말씀하셨다. 그러나 내가 너에게 나의 얼굴은 보이지 않겠다. 나를 본 사람은 아무도 살 수 없기 때문이다(출애굽기 33:19-20).

1984년도의 일로 기억합니다. 내가 참석하던 구역모임에서는 언제나 예배를 주기도문으로 마쳤습니다. 구역 모임뿐만 아니라 다른 예배들도 끝날 때 주기도문으로 마치는 경우가 많다는 사실을 깨닫게 되었습니다. 그러던 어느 날, 나는 갑자기 머릿속에서 떠오른 한 문장 앞에 멈추어 섰습니다. "하늘에 계신 우리 아버지… 우리가 우리에게 죄지은 자를 사하여 준 것같이, 우리의 죄를 사하여 주시옵고"라는 문장이었습니다. 하나님께 여쭙고 싶어졌습니다.

"하나님! 내가 지은 잘못이나 죄를 용서받으려면 나한테 잘못한 사람을 반드시 용서해야만 나를 용서하신다는 말씀인가요?"

"그렇단다."

"그건 너무 조건적이지 않나요?"

"그것이 그렇게 힘들고 억울한 일이냐?"

"그럼요. 무조건적인 사랑이라고 하던데… 그냥 잘못했다고 고백하면 용서해 주신다고 목사님들이 가르치시거든요."

"목사들이 잘못 알았거나 일단은 믿게 하려고 그랬거나, 둘 중에 하나일 게다."

"그럼 주기도문으로 기도를 하지 말아야겠네요."

나는 성경을 읽다가 하나님께 질문을 잘합니다. 예배 시간에 목사님이 하시는 설교를 듣다가도 질문하고 싶은 충동을 자주 느낍니다. 하나님은 목사님과 자연과 사물을 통해서 금방 깨닫게 하시기도 하지만, 때로는 몇 달이나 몇 년이 지나서야 깨닫게도 하십니다.

그렇게 '용서'라는 글자 때문에 주기도문을 다른 사람들과 같이 드리지 못하고 지낸 지 반 년도 더 지났습니다. 매일 기도할 때마다, 주기도문으로 기도할 수 있게 해달라고 떼를 썼습니다. 그러던 어느 날, 반상회에서 같은 아파트 3층에 사는 한 주민에게 꾸지람을 들었습니다. 집사님인 그분은 나보다 세 살이 많은 분이었습니다.

"반장이 돼가지고 공석에서 나보고 마누라라는 말을 쓰면 안 되지요. 마누라라는 말은 낮추어서 하는 말인데 … 잘못했다고 사과해야지요."

일단은 많이 놀랐습니다. 나한테 잘하던 사람이 나 때문에 마음이 상했다는 것에, 그리고 '마누라'라는 단어가 낮춤말이라는 것에 놀란 것입니다. 서울에서 오랫동안

자란 나로서는 그냥 귀엽다는 느낌으로 쓰는 표현인 줄 알고 말했는데. 잘못 알고 있었던 모양입니다. 그 집사님은 경상도 사람이니까 혹 지역마다 사용하는 용어의 의미가 다를 수도 있겠다는 생각이 들었습니다. 그쯤에서 마음을 빨리 정리하고 집사님을 바라보았습니다.

"그런가요? 마누라가 낮춤말이라면 제가 잘못한 거지요. 죄송합니다. 연장자에게 실수를 했네요."

둥그렇게 둘러앉아 있던 주민들이 무안해하면서, 사과하는 나를 바라보았습니다.

"뭘 그래, 정현이 엄마! 보통 마누라라는 말은 친한 사람들끼리 그냥 하는 말인데…."

그날 스스로 놀랐습니다. 다른 때 같으면 사지가 떨리고 마음이 불편해서 소화도 안 되었을 것입니다. 결국 전기매트를 깔고 드러누웠을 것인데, 그날은 아무런 신경성 증세가 나타나지 않았습니다. 이후, 비슷한 사건들이 연이어 일어나는데도 그것들이 마음에 자리 잡지 않고, 날아가 버리는 것에 놀라게 되었습니다. 오랜만에 혼자서 '주님이 가르쳐 주신 기도'를 했습니다.

1985년도에 있었던 일입니다. 평소 하던 대로 성경을 창세기부터 읽기 시작했습니다. 웃기도 하고 속상해하기도 하면서 창세기를 다 읽었습니다. 뒤이어 마태복음을 읽고 출애굽기를 읽고 요한복음을 읽다가 질투가 나기 시작했습니다. 하나님을 직접 만난 믿음의 선배들, 예수님과 얼굴을 맞대고 같이 지냈던 제자들, 기적을 직접 보았던 그 시대 사람들이 부러워지기 시작했습니다. 나도 같은 체험을 하고 싶어졌습니다.

사람들은 나보고 성격이 좋다고 했습니다. 특히 나를 낳아 키워 주신 엄마가 그렇게 말씀하셨습니다. 사람들은 내가 셋째 딸이라서 그렇다고 했고, 엄마는 내가 태어난 때가 우리 집이 제일 번창하던 때라 그런 거라고 하셨습니다. 그런데 내가 좀 집요한 데가 있어서 때로는 주변 사람들을 힘들게 하는 나 자신을 발견하고는 난감해질 때가 있습니다. 하나님도 때로는 "애야, 또 시작이니?" 하실 것 같아서 망설일 때가 많습니다.

하지만 그분은 일이 아무리 많아도 바쁘지도 않으시

고 힘들지도 않으시리라는 것이 어려서부터의 내 생각입니다. 마음 놓고 졸라도 문제 삼지 않으실 것입니다. 그러니 갖고 싶은 것이나 하고 싶은 것이 있으면 졸라야 합니다.

"하나님, 한 번만 만나 주시면 고맙겠습니다."

매일 잠자리에 들 때마다 기도하는 것이 아니라 조르는 것이었습니다. 시간과 장소를 가리지 않고 한 가지만 구했습니다. 그렇게 한 달을 넘게 침대에 앉아서 기도하는 나를 보고 남편이 말했습니다.

"무슨 기도를 그렇게 짧게 하는 거야?"

"길게 할 거 없어요. 딱 한 가지니까요."

"뭔데?"

"하나님을 만나게 해 달라는 기도예요."

"그런 기도를 하면 안 되는데."

"왜요?"

"하나님을 뵈면 죽는다고 했잖아."

"어차피 한 번 죽을 건데 나중에 죽으나 지금 죽으나 별 차이 없어요. 이왕에 믿을 거면 확실하게 믿으려고요."

"우리는 어떡하라고?"

"산 사람끼리 해결하면 되지요."

"그런 기도는 안 된다니까."

그런데도 매일 하나님이 마음속에서 움직이시기 시작하면 똑같은 기도를 반복해서 집요하게 아뢰었습니다.

"제발, 한 번만 만나 주시면 됩니다. 저에게도 한 번만 나타나 주세요. 그때까지 계속 조를 겁니다."

❧

그해, 그러니까 1985년 5월 20일입니다. 밤 12시가 넘어서 자리에 누웠습니다.

"하나님, 하나님, 한 번만 만나 주세요. 예수님 이름으로 간절히 기도합니다."

잠이 잘 안 옵니다.

"하나님, 자고 싶어요."

나는 아주 더러운 재래식 화장실이 있는 곳에 있었습니다. 잠깐 돌아서 보니 어른과 아이들이 웅성거리며 서 있었습니다. 제각각 자기들의 배설물을 종이와 손으로 닦고 치우고 있는데, 오히려 더 지저분해지고 있었습니다. 나는 차를 타고 어디론가 갈 참이었는데, 그 오물들을 치워 주느라 차를 탈 수가 없었습니다. 이미 차 한 대가 떠나고 다음 차가 왔습니다. 나는 여전히 더러운 것들을 치우고 차를 타려다 보니, 차는 다른 사람들만 태우고 요란한 소리를 내며 떠나 버리곤 했습니다. 그러다 날이 저물었습니다. 차를 타지 못한 여러 사람이 한방에 모여 잠들었습니다.

시간이 얼마나 지났는지 모르겠지만 갑자기, 말이나 글로는 표현할 수 없는 강렬한 빛이 창밖에 나타났습니다. 엄청나게 밝은 빛이 먼 곳에서부터 점점 창가로 다가왔습니다. 나는 그 빛이 예수님이라는 사실을 바로 깨달았습니다.

같은 방에서 자고 있던 사람들을 깨우며 예수님이 오셨다고 말했습니다. 하지만 아무도 내 얘기를 믿어 주려고 하지 않고, 귀찮다는 듯 돌아누워 여전히 자고 있었습니다. 주변을 살펴보니 아들이 옆에서 자고 있었습니다. 아들을 흔들어 깨우며 말했습니다. "예수님이 나타나시면 내가 창을 하나 열 테니까(이중창문이었으므로) 너는 불

을 꺼 줄래? 그러면 더 정확히 볼 수 있을 테니까."

또다시 창이 밝아지면서, 사람 형태인 것 같기는 한데, 윤곽은 정확히 안 보이는 무언가가 찬란한 빛과 함께 나타났습니다. 아들에게 신호를 보낸 후 내가 창문을 열자, 아들이 불을 꺼 주었습니다. 그곳에는 긴 옷을 입으신 인자한 예수님이 광채를 발하며 나를 내려다보고 계셨습니다. 왜 다른 사람들을 더 깨울 생각이 안 들었는지 모르겠습니다. 나는 예수님을 올려다보며 "예수님, 예수님~" 하고 나직한 목소리로 불렀습니다.

너무나 밝은 빛 때문에 명확한 예수님의 얼굴을 뵐 수는 없었지만, 그 빛 속에 계셨던 분은 분명히 예수님이었습니다. 창문 하나를 마저 열고 더 가까이에서 예수님을 뵈려고 하는데, 남편이 나를 흔들어 깨웠습니다. 예수님을 부르는 소리에 남편이 잠에서 깼던 것입니다. 희미하지만, 당시 대화가 기억납니다.

"왜 그래?"

"예수님을 만났어요."

"내가 괜히 깨웠군. 미안해서 어떡하지."

"괜찮아요. 그걸로 족해요."

다시 단잠이 들었다가 눈을 뜬 시간이 5시 45분. 남편이 깨워서 일어났을 때가 5시였으니까 45분 동안 더 잔 것이었습니다.

✗

예수님을 뵈었다는 기쁨을 어떻게 표현해야 할지 모르겠습니다. 부활하신 예수님을 만난 마리아와 제자들이 용감해진 이유를 알 것 같았습니다. 침대에 누운 채로 남편에게 말했습니다.

"예수님을 뵈었어요."

"어떻게 생겼는지 봤어?"

"빛이 너무 강해서 자세히는 못 뵈었지만 틀림없는 예수님이셨어요."

"그러면 맞아."

모습이 정확히 안 나타난 것이 신학적으로야 어떻든 간에, 나는 분명히 예수님을 뵈었습니다.

"나는 하나님을 만나게 해 달라고 졸랐는데…."

"하나님을 만나면 죽으니까 예수님을 보여 주신 거

27

야. 내가 깨워서 방해를 했군."

"아니에요. 구약의 모세나 선지자들은 직접 하나님과 대화를 했는데…."

"그래도 하나님을 보면 죽는다니까…."

남편은 내가 죽을까 봐 걱정되고, 그렇게 되는 것이 싫은지 계속 말을 이었습니다.

"하나님 보게 해 달라고 하지 마."

아들에게도, 딸에게도 예수님을 뵈었다고 웃으면서 말했습니다. 옆에서 남편은, 그런 이야기는 하는 것이 아니라고 합니다. 누군가에게서 전화가 옵니다. 전화를 한 사람에게도 나는 예수님을 뵈었다고 말합니다. 남편은 또 걱정스러운 표정으로 말합니다. 그런 말은 하는 것이 아니라고. 상가에 가서 물건을 살 때도 말합니다. 예수님을 만났다고. 그러자 가게 주인이 "그래서 그렇게 얼굴이 밝아졌느냐"고 합니다. 나는 그렇다고 답합니다. 만나는 사람들 모두에게 말합니다. 나무에게도 말합니다. 하늘을 바라보면서도 고맙다는 인사를 합니다.

이제 주님이 시키시는 일은 무엇이든지 할 수 있습니다. 예수님이 만나 주셨으니까요. 예수님을 만난 사람은 어떤 일인들 못할 것이 없을 겁니다. 그분이 원하시는 일, 기뻐하실 일이라면 뭐든 할 수 있습니다. 안 보고 믿는 자가 더 복이 있다고 하셨기에 그런 믿음이 더 클 수도 있지만, 나는 주님을 정말 만나 뵙고 싶었습니다.

이후, 지금까지 나는 영육 간에 건강하게 잘 살고 있습니다. 여전히 실수를 반복해 가면서, 다른 사람의 실수도 너그럽게 넘겨주면서.

오늘도 하늘을 보며 기도합니다.

"고맙습니다, 하나님. 고맙습니다, 하나님."

날아오신 하나님

젊었을 때에 조지 뮬러 목사님의 전기를 읽은 적이 있습니다. 어려울 때마다 기도하고 응답받으면서 고아들을 돌보는 그의 모습을 머릿속에 그려 보면서, 나도 같은 체험을 해 보고 싶은 욕심을 가졌습니다. 어린이들에게 먹일 것이 부족할 때 간절히 기도하면, 알지도 못하던 사람들을 통해 필요한 것들을 채워 주시는 조지 뮬러 목사님의 하나님을 나도 간접적으로 만나는 체험을 하면서 기뻤습니다.

1990년 3월 말경에 '작은자선교회'(독일의 KNH로부터 지원받아 운영되고 있는 단체)를 책임지고 일하던 황화자 총무로부터 한 통의 전화를 받았습니다.

"사모님, 나 황화자 총무예요. 다음 달 5일이 우리 '작은자의집' 개원 1주년인데, 불고기 50근을 해다 주세요. 거기 갈 때는 같이 갈게요."

전화를 한 목적을 이야기한 후에, 교회 여성들이 '작은 자'에게 물 한 모금 나누는 운동으로 시작해서 복지사업을 할 계획이라고 말했습니다. 우리 여성들을 통해서 세상으로 나왔지만 돌볼 사람이 없는 '작은 자들'을, 예수 그리스도 안에서 친척으로 삼고, 관계 맺는 일을 하고 싶다고도 했습니다. 하나님이 우리 여성들을 사용하신다는 것은 분명하다고 강조해서 말했습니다. 황 총무가 "같이 일해 달라"고 경상도 악센트로 씩씩하게 말한 것이 마음에 남아 있었습니다.

'작은자의집'을 처음 방문하게 된 나는 큰 충격을 받

았습니다. 내 세계에 들어와 있지 않던 아주 다른 세상이 눈앞에 펼쳐져 있었기 때문입니다. 그곳에는 휠체어에 앉아 계신 아저씨와 아주머니가 있었고, 아주 불편한 몸으로 바닥을 기어 다니는 소년도 있었습니다. 비뚤어진 몸으로 갸우뚱하게 걷는 아가씨도 있었습니다. 그런가 하면 몸이 온전한 초등학생 나이의 어린이들도 있었습니다. 그렇다고 그 집에 일반 사회의 구성원들과 특별하게 다른 사람들이 살고 있는 것은 아니었습니다. 장애인들이 조금 많다는 차이점은 있었지만, 나이로 보아서는 거의 모든 연령대의 사람들이 있었습니다.

딸내미가 대학에 들어간 후의 일입니다. 1993년 봄, 내가 소속되어 있던 고려 수지침 잠실 지회 연구생들과 같이 수지침 재료들을 가지고 '작은자의집'으로 갔습니다. 관광버스 전세비는 선생님이 책임지기로 하고, 나는 재료 공급을 맡았습니다. 자연스럽게 이 방 저 방으로 옮겨 다니며 살피던 중, 거실의 창문을 보는 순간에 아무도 모르게 소스라치게 놀라고 말았습니다.

"저 유리 창문은? 내가 꿈에 예수님을 뵈었던 그 유

리 창문?"

나는 그 느낌을 마음 깊이 혼자서만 알고 묻어 두었습니다.

일주일에 두 번씩 그곳을 방문해 봉사했는데, 석 달째 되었을 때 나와 선생님만 남고 다른 사람들은 모두 중도 하차했습니다. 다니는 것이 힘들었을 것입니다. 잠실지회가 있는 곳으로부터 50킬로미터나 되었고 가정주부들이 일주일에 두 번씩, 하루 종일 나와 있는 것도 힘들었을 것입니다. 결국 그 봉사 단체는 해산되었고 나 혼자만 남게 되었습니다.

그해 여름이 지나면서, 나는 자연스럽게 자원봉사자의 색깔을 띠게 되었습니다. 황 총무는 나에게 부원장이라는 직함을 주면서 '작은자의집' 일을 부탁했습니다. 그곳의 운영 방식이 하나씩하나씩 눈으로 들어와 머리에 앉혀지고 가슴에 새겨졌습니다.

'이들은 왜 이렇게 구차하게 살아야 하는 걸까?' 이전에 방문했던 시설들이 자연스럽게 뇌리를 스쳐 갔습니다. 일산에 있는 모 시설이나 영락교회의 시설들과 비교가 되었습니다. 모르는 것이 생기면 알아보던 습관대로, 시설에 대해서도 공부하기 시작했습니다. 요즈음같이 인터넷으로 쉽게 찾아볼 수 없었기 때문에 교보문고로 가서 전문 서적들을 찾아, 배우고 익혔습니다.

괜찮은 시설들은 허가 시설이고, '작은자의집'은 무허가 시설이라는 차이점이 있었습니다. 허가받으려면 어떤 조건이어야 하는지 관심이 갔습니다. 첫 번째는 복지 법인에 소속되어 있어야 했습니다. 그리고 법인을 만들려면 통장에 3억이라는 돈이 있어야 했습니다. 황 총무와나, 두 여자가 머리를 맞대고 앉았습니다. 그런 큰돈이 있지도 않을뿐더러, 개인 소유로 하지 않기 위해 교단 총회 법인에 속하기로 뜻을 모았습니다. 서류를 준비하여 1994년 8월, 드디어 총회 법인 소속 승인을 받았습니다.

이제는 시설 허가를 위한 조건을 갖추는 일이 남았습니다. 장애인 복지 시설을 만드는 과정을 거치며 나는 '작은자의집'과 더불어 성장해 갔습니다. 처음 그 집을 방문했을 때, 블록 벽²의 내부에는 밤색 페인트가 칠해져 있었고 지붕에는 패널이 얹혀 있었습니다. 입구 안의 오른쪽에는 화장실 두 개가 있었는데, 맡고 싶지 않은 냄새가 너무 짙게 풍겨서 들어설 마음이 달아날 정도였습니다. 왼쪽으로는 두 평도 안 되는 부엌이 거실 쪽으로 열려 있었는데, 싱크대는 찌그러졌고, 찬장도 벽에 제대로 붙어 있는 것이 하나도 없었습니다. 흰 페인트칠로 마감된 거실 천장에는 파리똥 자국이 하늘의 별보다 더 촘촘히 박혀 있었습니다. 비닐 장판이 깔린 바닥은 너무 울퉁불퉁하여, 조심하지 않으면 넘어질 수도 있게 되어 있었습니다.

이곳에 사는 장애인들을 통해서 그분은 내 인생을 흔들어 놓으셨습니다. 이 세상의 작은 한 구석이라도 공평하게 만들기 위한 일들을 나를 통해 이루어 나가셨습니다. 그 과정에서 나의 실수를 막기도 하셨고, 다양한 옷을 입은 천사를 보내셔서 고생을 덜어 주기도 하셨습니다. 급할 때는 그분이 직접 뛰어 내려오셔서 감싸 주기도 하셨습니다.

❧

다른 시설들과 마찬가지로 '요셉의집'(1999년 8월 6일, '작은자의집' 이름을 '요셉의집'으로 변경했습니다)에도 각양각

색의 봉사자들이 찾아 주십니다.

2001년 11월 30일, 그날은 토요일 저녁이었습니다. '요셉의집'을 신축하여 준공한 해였고, 한 달에 한 번, 이곳을 방문하여 컴퓨터 교육을 해 주는 직장인들의 봉사가 있는 날이었습니다. 그 젊은 직장인들은 사진을 찍어 컴퓨터로 티셔츠나 컵과 같은 그릇들에 그 사진을 넣는 법을 가르쳐 주었습니다. 지체장애인들에게 취미생활도 되고, 경제활동이나 사회활동도 될 수 있으리라는 희망을 가지고 부탁하여 만든 프로그램이었습니다. 집 안에서만 생활하는 젊은 장애인들의 활동 영역이 너무 한정되어 있는 것이, 시설을 운영하는 사람으로서 답답했기 때문이었습니다.

그들이 이런 교육을 받는 내내, 나는 상상해 봅니다. 휠체어를 탄 시설 식구들과 함께 농협이나 시청, 백화점 같은 곳에 테이블을 펴 놓고 있으면, 오가는 사람들이 와서 자신들의 사진이나 반려동물들의 사진을 컵이나 옷에 찍어 가지고 가면서 행복해하는 모습을 그려 봅니다.

장애인들을 도와주어야 하는 존재에서 같이 살아가는 존재로 보여 주고 인식시키는 것은 매우 의미 있는 일이라는 생각이 들었습니다. 이날도 저녁 식사 이후까지 교육이 이어졌습니다. 날이 어둑어둑해졌습니다. '저분들도 퇴근하고 모여서 왔을 텐데 얼마나 피곤할까?' 하는 생각에 집에 먼저 가지 못하고 교육이 끝나기만 기다렸습니다.

드디어 봉사자들이 두 차에 나누어 타고 떠난 다음, 나도 내 차 운전석에 앉았습니다. '요셉의집'에서 출발해 300미터쯤 되는 지점에 작은 사거리가 있습니다. 사거리에는 작은 가게와 마을회관이 있고 건너편에는 방앗간이 있습니다. 옆쪽으로는 논이 펼쳐져 있습니다. 나는 보통 이 사거리에서 차를 확실하게 세우고 좌우를 살핍니다. 아마 그날도 습관적으로 그랬을 것입니다. 커브가 심한 길인 데다, 원체 다니는 차량이 적어서 차들이 고속으로 쌩쌩 달리는 길이기 때문입니다.

잠깐 사이, 아니 나도 모르는 순간에 일이 일어났습니다. 삶은 달걀노른자 색깔의 큰 이불 같은 것이 날아와서 나를 감쌌습니다. 시간이 얼마나 지났는지 기억이 안 납니다.

눈을 떴습니다.

머리는 핸들에 얹혀 있고, 타고 있던 차는 45도 이상 기울어진 상태로 논에 들어가 박혀 있었습니다. 주변은 캄캄한데, 사이렌 소리와 더불어 경찰차의 불빛이 요란하게 돌아가고 있었습니다. 이쪽과 저쪽에서 견인차가 요란한 소리로 달려오는 것도 보였습니다.

차 문을 열어 보았습니다.

열립니다.

추수가 끝난 논두렁을 밟으면서 도로에 올라섰습니다.

박수 소리가 들려왔습니다.

"안 죽었네."

"괜찮은가 봐."

"어머, 아무렇지도 않네."

"저 원장은 본래 좀 이상한 데가 있어."

경찰이 다가왔습니다. 누군가가 신고를 했나 봅니다.

"괜찮으십니까?"

"아직은 잘 모르겠는데요."

"조사해야 하니까 나중에 통지받으면 서**로 나오십

시오.”

“네, 그렇게 하겠습니다.”

주변을 살펴보니 동네 사람들이 많이 나와 있습니다.
구급차도 눈에 들어옵니다. 내 차와 부딪친 차가 승합차
인가 봅니다. 구급차에서 내린 사람이 말합니다.

“병원으로 가시지요. 모시겠습니다.”

“아닌데요. 집에 가서 할 일이 있어서요.”

“후유증이 있을 테니, 검사도 하고 치료도 받으셔야
할 겁니다. 보통 사고가 아니거든요.”

“안 되는데요. 불편하면 그때 가도록 하죠. 고맙습니
다.”

경찰차는 떠나고, 견인차는 차를 끌어내려 하고, 동
네 사람들은 여전히 웅성거리고 있었습니다. 나는 걸어서
‘요셉의집’으로 갔습니다. 손가락, 발가락 끝에서 사혈을
한 후 남편에게 전화를 했습니다. 그리고 차고에 가서 시
설 공용차인 스타렉스에 올라타고 집으로 향했습니다.

20여 일이 지난 뒤였습니다. 사무실에 있는데 집배원이 다녀갑니다. 사무원이 내 책상 위에 편지들을 가져다 놓았습니다. 그중에는 경찰서에서 온 것도 있었습니다. 의정부 경찰서로 와서 담당 박 경사를 찾으라는 내용밖에는 기억에 없습니다. 자초지종을 들은 사무실 직원들이 말했습니다.

"원장님, 아마 벌금이 100만 원은 넘게 나올 거예요."

"맞아요. 우리 옆집 아저씨도 비슷한 사고를 당했는데 벌금이 많이 나왔대요."

잠잠히 듣고 있던 운전기사 선생님이 말합니다.

"아닐지도 몰라요."

웬만해서 무서운 것이 없는 나였지만, 슬슬 두려움이 몰려오려고 합니다.

기사 선생님을 바라봅니다. 본래는 개인 일로 운전기사의 도움을 받는 경우가 없습니다.

"괜히 떨리려고 하는데 저를 좀 데리고 가 주셔도 돼

요?"

"네, 그럼요. 너무 떨려서 운전하기 힘드실지도 모르
니까요."

"고맙습니다."

기사님과 함께 경찰서에 도착했습니다.

"박 경사님이신가요?"

"네, 어떻게 오셨어요?"

"11월 30일 밤에 일어났던 교통사고 건으로 통지를
받아서요."

"아아, '요셉의집' 원장님이시군요. 몸은 괜찮으신가
요?"

"네."

"요새 후원자는 많이 있나요?"

"네. 모두 관심 가져 주셔서요. 새집에서 모두 평안하
게, 열심히 잘살고 있어요."

"어려운 일을 하시느라고 수고가 많으십니다. 사고를
크게 당하셨는데 정말 몸에는 이상이 없으신 거죠?"

"네, 고맙습니다."

박 경사는 옆에 있는 동료들을 바라보며 의논을 합니다.

"제일 적은 벌금으로 하려면 무엇으로 하면 되지?"

"신호등도 없는 곳이고 과속도 아니고 주위를 잘 살피지 않은 것 말고는 큰 실수 아니잖아…."

지금의 기억으로는 2만 원짜리 청구서를 떼어 줬던 것으로 기억합니다. 제일 낮은 범칙금으로 결론 내렸다고 알고 있습니다.

큰 차에 들이받힌 차가 5~6미터나 날아가 논에 처박혔는데, 사람이 무사하다는 것은 말도 안 되는 이야기입니다. 하나님도 허락하시지 않았던 급한 상황이었나 봅니다. 그러니까 천사에게 시킬 시간의 여유가 없으셔서, 직접 부드러운 노란 이불의 모습으로 급하게 날아오셔서 내 몸이 핸들에 닿기 전에 "얘야, 큰일 나겠다!" 하면서 감싸 주신 것입니다.

감사합니다.

나는 오늘도 또 "감사합니다"라고 고백하며 그분을

닮아 가려고 노력합니다.

계속 함께해 주실 줄로 믿으며.

밤색 잠바를 입은 두 청년

지금도 그때 일을 떠올리면 온몸에 찌르르하고 전율이 흐릅니다.

때는 1993년도 겨울, 크리스마스를 이틀 앞둔 12월 23일이었습니다.

어느 복지시설이나 마찬가지겠지만, 당시 내가 자원봉사하던 '작은자의집'에도 성탄절을 앞둔 때에는 방문자도 많아지고 후원금이나 물품도 다른 때에 비하면 좀 나은 편이었습니다. 그때는 정부로부터 아직 허가를 받지 않았던 시절이라, 먹을거리가 넉넉하지 않았습니다. 거의 매일 점심을 라면으로 때우곤 했는데, 그것마저도 우리가 산 것이 아니라 후원자들이 가져다준 것들이었습니다.

그러나 연말이 다가오면 하루에 다 먹을 수 없을 만큼 많은 먹거리가 들어오곤 했습니다. 그날도 예상치 못했던 방문 팀들이 왔습니다. 한 팀은 돼지고기를 열 근도 넘게 삶아 왔고, 또 한 팀은 삶은 달걀 100개와 귤 한 상자를 가지고 왔습니다. 마지막으로 들어온 이들은 절편을 한 상자 가지고 왔습니다.

방문자들은 대부분 자신들이 가지고 온 음식들을 장애인 식구들이 맛있게 먹는 모습을 현장에서 보고 싶어합니다. 그리고 사진을 찍어서 추억을 가지고 가려고 합니다. 그 당시에 시설에서 일하시는 분들은 모두 다 봉사자들이었고, 음식을 가져온 이들의 마음을 이해하고 있었습니다.

그날 점심 식사는 라면, 절편, 삶은 돼지고기와 귤 등으로 밥상이 풍성하다 못해 흘러넘쳤습니다. 방문자들은 시설 식구들과 입주 봉사자들이 맛있게 먹고 있는 거실을 둘러봅니다. 다들 아주 맛있게 먹고 있습니다. 그러다가 통로 쪽에 내 눈길이 가서 머뭅니다.

거기에는 네 바퀴 위에, 합판을 올려놓고 고정시켜서 만든 이동 침대가 있습니다. 요를 깔아 놓은 이동 침대 위에는 청년 평창이가 옆으로 누워 있습니다. 그 침대의 길이는 어린아이들 침대 길이밖에 안 됩니다. 평창이는 몸이 쪼그라들어 팔다리를 쭉 펼 수 없기 때문에, 누워 있는 길이도 아주 짧습니다. 그는 정상적으로 초등학교에도 들어갔었다는데, 입학 후에 몸에 변화가 오기 시작했고, 점차 몸이 굳어진 것입니다.

이런 과거를 가진 평창이의 소원은, 다시 똑바로 한번 앉아 보는 것입니다. 그는 먹는 것도 옆으로 누워서 먹습니다. 식판은 그 이동 침대 위에 놓여 있습니다. 반찬 칸이 세 개짜리 식판입니다. 국을 담는 칸에는 절편 다섯 개와 노란 귤이, 밥 칸에는 라면이, 반찬 칸에는 편육과 김치 그리고 삶은 달걀 두 개가 색깔도 잘 어울리게 담겨 있습니다.

평창이에게 다가갑니다.

"평창아, 맛있니?"

"네."

웃으면서 여전히 맛있게 먹습니다.

"그런데 평창아, 이 달걀은 나중에 먹으면 어떨까? 평창이 배가 너무 놀라겠다."

평창이가 입에다 하얀 절편을 물고, 맛있게 먹으면서 올려다봅니다.

"싫은데요. 다 먹을 건데요."

❦

방문자들이 다 돌아간 후, 나도 집으로 왔습니다. 식사를 마치고 잠자리에 들려고 하는데 전화가 옵니다.

"사모님!!!"

흐느껴 우는 소리가 들립니다. 다급한 목소리들이 수화기를 통해서 흐릅니다. 무슨 일이 생긴 것이 틀림없었습니다.

"무슨 일인지 말해요."

말을 하지 못하고 더듬거립니다.

"괜찮으니까 진정하고. 천천히 말해 봐요."

"사모님, 평창이가…."

말을 이어가지 못하고 흐느껴 웁니다. 울음소리 가운

데 두려움이 섞여 있습니다. 시계를 보니 10시가 넘었습니다.

"평창이가? 왜요? 무슨 일인지 말해 봐요."

"평창이가 입에 거품을 잔뜩 물고 있어요. 무서워요."

"그리고요?"

"코에서 이상한 것이 흘러요."

"목사님한테 가서 형편을 말씀드리세요. 지금 출발해서 갈 테니까. 목사님('작은자의집'과 같은 동네에서 목회를 하시던 한응수 목사님은 우리가 어려울 때마다 많이 도와주신 분입니다.)이 하라는 대로 하고 계세요."

잠실 집에서 출발해 동부간선도로를 달리고 또 달려서 장애인들이 있는 집에 도착하니 11시가 조금 지났습니다. 학생들은 잠들어 있고 어른들은 모두 거실에 모여 있습니다.

"목사님!"

"사모님… 늦었습니다. 갔습니다."

시설이 아직 무허가 시절이던 그때에는 다들 나를 사모님이라고 불렀습니다. 남편이 목사인 데다 신학교 교수

였고, 개인적으로 자원봉사를 하다가 책임을 맡게 된 터라 그렇게들 불렀습니다. 법인 등록을 하려고 구체적인 준비를 하고 있던 때였는데 그런 상황이 발생한 것입니다.

옆에서 듣고 있던 한 봉사자가 두 손을 비벼대고 있다가 말합니다.

"사모님, 평창이가 저녁밥을 먹으러 나오지 않았어요."

"그래서요?"

"평창이 방에 가서 밥 먹으라고 하니까 배가 불러서 안 먹겠다고 해서…."

말을 잇지 못합니다.

목사님이 대신 말을 이어가십니다.

"그런데 그 방에 같이 계신 아저씨가 텔레비전을 보다가 방에 들어가 보니까 평창이가 이상하더래요. 그제야 상황이 이렇게 된 것을 알고 연락한 거지요."

"사모님, 제가 잘못했어요. 저녁밥 안 먹는다고 할 때 더 물어봤어야 하는데… 잘못했어요. 제가 내일 이 집을 나갈게요."

그 옆에 서 있던 3급 장애인 청년 연수가 말합니다.

"사모님, 제가 잘못했습니다. 이야기를 안 한 것이 있어요."

연수가 고개를 있는 대로 푹 수그리고 말합니다.

"실은요, 내가 평창이를 떨어뜨렸어요. 잔다고 해서 침대로 옮겨 주다가 그만…."

연수가 울기 시작합니다. 옆에 섰던 봉사자도 같이 웁니다.

목사님이 말씀하십니다.

"울지 말아요. 일부러 그런 것도 아닌데…. 다 잘하려고 하다가 그런 건데 어떻게 하겠어요. 사모님, 의논을 해야지요?"

의논하는 데 시간이 많이 걸리지도 않았습니다. 삼일장을 하면 크리스마스 날에 발인을 해야 합니다. 그래서 자원봉사 해 주시는 의사 선생님과 의논하여 다음 날 발인하기로 합니다. 봉사자 한 사람은 영정을 준비하기로 하고 또 한 봉사자는 사망진단서를 받으러 가기로 합니다. 다른 한 봉사자는 면사무소에 사망신고를 하기로 합니다. 목사님은 장의사에 연락해서 관과 수의, 결관바를 가져다 달라고 합니다.

"목사님, 그렇게만 있으면 되나요?"

"다른 것은 있는 것으로 쓰시지요."

"목사님, 다 할 줄 아세요?"

"뭘요?"

"저는 교회에서 일이 있을 때 염습하는 것은 해 봤는데, 그다음은 남자 장로님이나 집사님들이 하시곤 해서….'"

"예, 염려 마세요. 할 줄 알아요."

정말 다행입니다. 목사님은 밖으로 나가시더니 토막 각목들과 잘 다듬어진 합판들을 가지고 들어오십니다. 창문이 있는 벽 밑에 각목을 놓고, 그 위에 합판을 나란히 놓으십니다. 하얀 천들을 찾아오라고 하시더니 그 천을 합판 위에 펴십니다. 그러니까 그 합판이 칠성판 대용인가 봅니다.

평창이 방으로 가시더니 시신을 안고 오십니다. 칠성판 위에 이미 고인이 된, 이 땅 위에서 23년을 지내다가 떠나가는 평창이를 조심스레 내려놓으십니다. 창고에서 꺼내온 병풍으로 가려 놓으십니다. 병풍도 이 집 분위기

처럼 얼룩져 있습니다.

"김 집사님, 이 방의 난방을 끌 수 있나요?"

목사님이 주방 봉사자에게 물으십니다.

"아니요. 밸브가 다 녹이 나서 움직이지를 않아요."

"할 수 없죠. 내일 오전 중에 발인할 거니까 큰 문제
가 되지는 않을 겁니다."

새벽 3시경이 되었을 때, 장의사 차가 들어옵니다. 관
이 들어옵니다. 보자기에 싼 것은 수의일 것입니다. 평창
이의 몸을 마지막으로 닦으려고 보니 알코올이 아니고
옥시풀입니다.

"이거 말고요. 알코올이 있지요?"

"왜 그건 안 되나요? 그걸로 우리는 소독을 하곤 했
는데요."

봉사자가 묻습니다.

"이걸로 닦게 되면 거품이 많이 생겨서 곤란하더라
고요."

이층으로 뛰어간 남자 봉사자가 알코올 병을 가져옵
니다. 그러는 중에 속으로 '이렇게 안 닦고 가면 그분이

뭐라고 하실까? 마지막 가는 삶에 대한 예일까?'라는 생각이 듭니다. 가끔가다가 엉뚱한 생각을 하는 저 자신이 이해가 안 됩니다. 수의는 겉의 것을 펴놓고 속의 것들을 한 번에 입힐 수 있도록 겹겹이 놓아야 하는데, 목사님이 말씀하십니다.

"사모님, 다 입히지 않아도 되니까 하나만 입힙시다. 평창이 몸에 이거 다 껴서 입히면….."

"그러면 아래는요?"

"그것도 입힐 수가 없어요. 1미터도 안 되는 시신에 이걸 다 입히면… 곤란합니다."

관을 깨끗이 닦고 대령금(염보 : 관 속에도 깔고 관 밖으로도 내놓아 시신을 덮는 천)을 관 속에 펼쳐 놓고 날개를 관 밖으로 내놓습니다. 마지막으로 평창이를 안아 관 안에다 눕힙니다. 옆으로 누입니다. 목사님이 천판(관의 뚜껑)을 들어 관 위에 올려놓습니다.

목사님이 당혹스러운 표정을 짓습니다. 자세히 보니 천판이 관에 꼭 맞아서 닫혀야 하는데, 떠 있습니다. 옆으로 누워 있는 평창이의 팔꿈치가 천판을 떠받치고 있었던 겁니다. 숨을 거둔 직후에라도 사후경직이 오기 전에 사지를 잘 주물러 주어서 쭉 펴 놓았어야 하는데 알지도 못했고, 그럴 경황들도 없었던 것입니다.

목사님과 눈이 마주칩니다. 목사님의 눈이 난색을 표합니다. 나는 습관대로 하늘을 바라봅니다. 마음을 넓게 잡아 놓고, 깊은숨을 쉽니다. 천판을 들어서 벽에 기대어 놓습니다. '평창아~ 미안해'라고 속으로 말함과 동시에, 뻗쳐 올라와 있는 평창이의 팔을 누릅니다. 시신이 이렇게 차가운 줄 예전에는 미처 몰랐습니다. 정말 얼음덩어리보다 더 찹니다. 차다는 느낌에 소름이 끼쳐서 더 놀랐습니다. 세상에 이보다 더 찬 것은 없을 것 같습니다. "우지직" 소리와 함께 뻗쳐져 있던 팔이 내려갑니다. 목사님도, 나도, 놀라서 자신도 모르는 사이에 몸이 움칠거려졌습니다. 보공(시신이 관 안에서 움직이지 못하도록 빈 공간을 채우는 일)으로는 수건을 넣었습니다. 교회들이 기념행사 하고 남은 수건들을 가져다준 것입니다.

목사님이 은정(나무못)을 박고 나서 결관바를 들고 일어나십니다. 나도 무심결에 따라 일어납니다. 말이 필요

없습니다. 한쪽을 잡으라고 눈짓을 하십니다. 목사님의 얼굴에 당황한 기색이 보입니다. 나도 덩달아 난감해집니다. 관 둘레를 빙빙 돌면서 이리도 엮어 보고 저리도 엮어 보는데 방법을 알 수 없습니다.

우리 둘의 얼굴에 땀방울이 고여 흐르기 시작합니다. 습관대로, 일어날 일이 머릿속에 그려졌습니다. 식구들이 사열한 가운데로 운구해서 마당으로 나갈 때, 중간에 결관바가 풀어지기라도 한다면 시신이 굴러떨어질 수도 있고, 보공으로 넣은 그 많은 수건들이 쏟아져 나오기라도 하면…. 식구들의 놀라는 모습이 보입니다.

결국 목사님이 입을 여십니다.

"해 본 지가 너무 오래돼서, 어떡하나…. 다시 여기를 잡아 보세요."

"네" 대답하는데 방문이 열립니다.

밤색 잠바에 까만 바지를 입은 20대 후반쯤 되어 보이는 청년 두 명이 들어옵니다. 들어와서는 선 채로 묻습니다.

"지금 뭐하고 계시는 건가요?"

"이걸로 묶어야 하는데 방법을 몰라서요."

솔직하게 있는 그대로 대답했습니다.

"그렇게 하면 큰일 나지요. 이리 주세요. 우리가 해 드릴 테니까요."

고맙다고 인사할 여유도 없었습니다. 두 청년은 결관 바를 반으로 딱 접더니 순식간에 관을 묶었습니다. 반으로 접는 것까지는 봤는데, 그다음은 어떻게 했는지 생각이 안 납니다. 안도의 숨을 들이쉬면서 다시 관을 살피다가, 그 청년들에게 고맙다는 인사도 하지 않은 게 생각나 고개를 돌려보니 이미 청년들은 어디론가 사라지고 없습니다.

"목사님, 그 청년들은요?"

"모르겠는데요."

"아시는 분들이세요?"

"아닌데요."

"그러면 누굴까요?"

"모르겠는데요."

"………"

평창이가 떠난 후, 중국에 선교하러 가셨던 그 목사님을 7년 만에 다시 만났습니다.

"목사님, 오랜만이네요."

"그동안 시설이 아주 좋아졌는데요."

"모두 다 은혜지요. 그런데, 계속 궁금한 것이 있어서요."

"뭐가 궁금한데요?"

"그때 평창이가 갈 때, 결관바 묶어 줬던 밤색 잠바 입은 청년들 있잖아요. 그 사람들 아시는 분들인가요?"

"아니요."

"기억은 나시나요? 그때 나타나서 묶어 주던 일이요."

"그럼요."

한복을 입은 천사

1994년도 2월에 있던 일입니다. '작은자의집'에서 지내던 학생 중에 초등학교를 졸업하는 아이가 있었습니다. 그 아이는 어린이라고 하기에는 나이가 조금 많은 편입니다. 지금도 그 아이를 ○○초등학교(당시는 국민학교)에 데려가 입학시키던 때가, 눈앞으로 선명한 그림을 그리며 들어옵니다. 학교에 다닌 적이 없다는, 나이가 이미 열네 살이 된 아이를 데리고 학교에 가서 입학시켜 주십사 떼를 쓰던 내 모습이 우습게까지 떠오릅니다.

"공부는 안 해도 됩니다. 아니 못해도 좋으니 학교에 다닐 수 있게만 해 주세요."

나이가 지긋하게 들어 보이는 교감 선생님은 난처한 표정으로 바라보셨습니다.

"전학도 아니고 입학도 아니고. 원장님의 마음은 알지만 어떻게 해야 할지 모르겠습니다."

"하여튼 학령기 아동을 집에만 있게 할 수는 없잖아요. 그러니 제발 학교에 다닐 수 있게만 해 주시면 고맙겠습니다."

가만히 듣고 계시던 교감 선생님은 교장실에 갔다 오겠다고 나가셨습니다. 교장실에 다녀온 교감 선생님은 굳어진 표정으로 말씀하셨습니다.

"나중에 감사에 걸리면 그때 다시 처리하기로 하고, 5학년도 괜찮다고 하면 5학년으로 입학시켜 드리겠습니다."

그렇게 해서 선국이는 초등학교를 졸업할 때가 지난 나이에 5학년으로 학교에 다니기 시작했습니다. 이래저래 선국이가 졸업하게 되는 것은 나에게는 많은 의미를 가져다주었습니다.

저녁에 집에서 텔레비전으로 뉴스를 보고 있는데, 지존파 이야기가 또 나오고 있었습니다. 그때는 지존파(기자가 붙여 준 이름)가 한창 시끄러울 때였습니다. 93년도 말에 터진 지존파 사건은 우리나라를 시끌벅적하게 만들었습니다. 뉴스는 김○환이라는 청년이 증오에 가득 찬 눈으로, 범행 동기를 묻는 기자들의 질문에 "초등학교 다닐 때, 미술시간에 크레파스를 못 가져갔는데 담임선생님이 '훔쳐서라도 가져와야지' 하면서 야단을 쳤다"고 했습니다. 그들이 저지른 일들은 너무나 끔찍해 무서웠습니다. 이런 생각 뒤에 붙어 나오는 것은 '나에게 맡겨진 애들이 저렇게 되면 어떻게 하나' 하는 염려이고, 이와 동시에 내 몸은 이미 그곳으로 갈 준비를 합니다.

서둘러서 차를 타고 그 애들이 잠자고 있을, 체육관에 붙어 있는 방으로 갔습니다. 그 애들은 시험 때인데도 아주 퍼지게 놀고 있었습니다.

"야! (아이들을 하나씩 가리키면서) 너, 너, 너, 너, 너! 지금 시험 때 아니니?"

"네, 맞아요." 애들이 합창을 합니다.

"그러면 시험공부를 해야지. 이렇게 놀고만 있으면 어떡하니?"

"시험 때는 공부해야 하는 거예요?"

나는 어처구니가 없어서 할 말을 잊었습니다. 애들은 내 손에서 과자봉지를 가져다가, 웃으면서 요란한 소리를 내며 먹기 시작했습니다. 두어 시간을 아이들과 떠들며 공부를 하다가 아이들 사이에 끼어 누웠는데, 무엇인가가 내 몸 여기저기를 돌아다니면서 마구 물었습니다. 쓰레기를 매립해서 만든 땅에 지은 집이라고 하더니, 그래서 벌레가 많았나 봅니다. 아이들도 긁적거리며 자고 있었습니다. 아이들이 다 잠든 것을 확인하고 집으로 왔습니다.

❧

다섯 명의 아이들이 그 집에 모인 이유는 다 다릅니다. 한 형제는 부모가 이혼하고 아버지가 재혼하자 가출했는데, 겨울이 되어 추워지니까 남의 집 볏짚 속에 들어가 잤답니다. 그것을 본 마을 사람이 면사무소에 신고해서 우리 집으로 왔습니다.

또 한 아이는 인천의 어느 다리 밑에 사는 걸인들 속에서 절룩거리며 심부름하고 있는 것을, 여전도사님 보고 데리고 왔습니다. 우리 집에 데려다 놓으면 학교에 보낸다는 소문을 들었다는 것입니다.

엄마가 장애인이 된 후에 갈 데가 없어서 엄마 따라 들어온 아이도 있고, 할머니와 같이 살다가 심한 화상을 입었는데 치료도 못 하고 할머니가 더 이상 돌봐 줄 수 없다고 해서 맡겨진 아이도 있습니다. 이래저래 남자아이들 다섯 명이 같은 방에서 지내고 있었습니다.

해가 바뀌어서 열여섯 살이 된 선국이가 초등학교를 졸업하게 되었습니다. 졸업 선물을 해 주고 싶었습니다.

"선국아, 졸업 선물로 뭘 줄까?" 그랬더니 선국이가 하는 말,

"에이, 그런 것 안 주셔도 돼요. 그냥 갔다 오면 돼요" 합니다.

그런데 더 어처구니없는 것은 그다음에 들려온 말입

니다.

옆에서 듣고 있던 영석이가

"그까짓 초등학교 졸업하는 것이 뭐 대수라고 선물을 줘요"라고 하는 겁니다.

"졸업을 하는데 그것이 왜 큰일이 아니니?"

"그까짓 초등학교 졸업, 나는 벌써 했는데요"라고 말합니다.

어처구니가 없었습니다. 이제 초등학교 4학년에 다니고 있는 애가 이미 학교를 졸업했다고 하니까 한참 말문이 막힐 수밖에 없었습니다. 내가 말했습니다.

"그런데 너는 지금 4학년에 다니고 있잖니?"

영석이는 능청스럽게, 아무렇지도 않다는 표정으로 말했습니다.

"그 여자 전도사님이 나를 3학년에 다니게 해서 이제 4학년이 된 거거든요."

할 말이 없었습니다. 그다음 날, 졸업한 학교 이름을 알아내고 그 학교 관할 구역까지 찾아냈습니다. 방학 때라 그런지 그 학교는 전화를 받지 않았습니다. 그때는 휴대폰이나 다른 연락 방법이 없었습니다.

다음 날, 선국이가 입학할 중학교에 가서 사정 이야기를 하고 영석이도 입학하는 것을 허락받았습니다. 단한 가지 조건은 초등학교 졸업증명서를 가지고 오는 것이었습니다. 입학식은 3월 3일이고 입학식부터 다니게 하려면 2일에는 졸업증명서를 손에 넣어야 했습니다. 시간이 없어서 결국 직접 그 초등학교를 찾아갈 수밖에 없었습니다.

　　바쁜 일이 있을 때마다 하던 대로 일찍 일어나서, 식구들 아침 식사를 준비해 놓고 내 도시락도 쌌습니다. 새벽 4시도 안 되어서 차 운전석에 앉았습니다. 차창 밖 하늘을 올려다보면서 먼저 신고합니다.

　　"하나님, 저 떠나요!"

　　정말 깜깜합니다. 새벽이 다가올 때가 제일 어둡다고 하더니, 캄캄한 정도가 아니고 '깜깜함' 그 자체입니다. 지금 같으면 길도 좋고 내비 양(내비게이션)도 있으니까 좀 더 편했을 것입니다.

　　아침 식사 때가 지나도 휴게소에 들어가지를 못했습니다. 앉아서 밥을 먹으면 시간이 모자랄 것 같아서, 운전하던 더러운 손가락으로 밥이고 반찬이고 집어 먹었습니

75

다. 일을 하려면 뱃속은 채워 주어야 한다는 것이 내 철칙이니까.

그렇게 가다가 드디어 구미, 대구를 지났고 ○○초등학교로 가야 하는데 도무지 어떻게 가야 하는지 길을 전혀 알 수가 없었습니다. 어떡하나 걱정되면서 더럭 겁이 났습니다. 헤매고 다닐 시간의 여유가 없었습니다. 아직 이른 봄이라서 그런지, 편도 일차선도 안 되는 도로로 진입하면서부터는 사람을 한 명도 못 보았습니다. 길은 끝없이 이어질 것 같고, 아무리 두리번거리고 둘러보아도 이정표도, 사람도, 인가도 보이지 않았습니다.

그때에, 몇십 미터나 될까, 그리 멀지 않은 곳의 나무 아래에 계시던 한복 입은 할아버지 한 분이 내 쪽으로 오고 계셨습니다. 차창을 열고 여쭈어 보았습니다.

"안녕하세요. 저는 여기가 초행길인데 ○○초등학교를 찾아가고 있어요. 어떻게 가야 되는지 몰라서요."

"음… ○○초등학교라. 여기서 7킬로미터 가면 갈림길이 나오는데 왼쪽으로 가면 돼요."

나는 "고맙습니다"라고 인사를 한 후, 요새는 농촌에서도 '몇 리'라고 안 하고 킬로미터를 쓰는구나, 그렇게 생각하면서 주행기를 눌렀습니다. 그런데 아주 정확하게, 숫자가 7자로 바뀌자마자 딱 갈림길이 보였습니다. 신기하게 맞추신 것을 고맙게 여기면서 가는데, 여전히 길이 끝이 없어 보였습니다. 그때 저 앞에 가로수가 있었는데, 그 나무 있는 데서 또다시 한복을 입은 분이 걸어 나오셨습니다. 그때는 여기가 농촌이니까 '한복을 입으신 분들이 많구나'라고만 생각했지, 눈곱만큼도 이상하게 여기지 않았습니다. 그때 뭔가 깨달았으면 큰일 났을 겁니다. 또 그 할아버지께 여쭈었습니다.

그 할아버지는 말씀하셨습니다.

"여기서 쭈~욱 8킬로미터를 가다 보면 작은 개천이 나오고, 왼쪽으로 다리가 있는데 그 다리를 건너서 오른쪽으로 보면 학교가 보일 거요."

그때도 주행기를 눌렀는데 다리가 나타났을 때 주행기를 봤더니, 정확하게 8킬로미터를 와 있었습니다. 조금 더 가다 보니까 학교 같은 건물이 보였습니다. 그래서 헤매지 않고 학교를 찾아 들어갔습니다.

하얗게 보이는 학교 운동장에는 차가 한 대도 없었습니다. 운동장 한쪽 구석에 차를 세워 놓고 건물 중앙에 있는 문으로 들어갔습니다. 그 당시에는 눈에 보이는 것이 학교 건물 외에는 하나도 없었습니다. 교무실이라는 방을 찾아 들어갔는데 남자 선생님 두 분이 계셨습니다. 문 가까이에 계시는 선생님께 먼저 인사를 하면서 찾아온 이유를 이야기하니까, 창가를 가리키면서 교무주임 선생님께 가라고 하셨습니다.

"김영석의 졸업증명서를 떼러 왔는데요."

"김영석이라… 졸업한 때가…" 하면서 찾으십니다.

"졸업한 지가 오래되어서 여기서는 못 해요. 더구나 담당 관할 교육청이 바뀌어서 오늘은 할 수가 없습니다."

내가 되물었습니다.

"그래서요?"

"3일 후에 다시 오시면 해 놓겠습니다."

"그건 안 되는데요. 내일이 입학식이라, 그러니까 내일 첫 수업부터 들어가야 해요."

"그렇게는 안 됩니다."

"그러면 여기서 기다릴게요. 오늘 새벽 4시도 안 되어서 출발했어요. 우리 집에는 식구가 많아서 돌봐야 할 사람이 많거든요. 갔다가 다시 올 수는 없어요. 저기에 감

79

동을 주는 선생님이 되자고 쓰여 있네요. 저는 그런 사람이 되고 싶어요. 여기에 앉아서 바빠서 못 했던 일을 하고 있을게요. 방해 안 되게 조용히 있겠습니다."

"점심시간이 지났는데요."

"괜찮아요."

나는 교무주임 선생님 뒤에 있는 의자에 앉아서 수첩을 꺼냈습니다. 그동안 시간이 없어서 못 썼던 진석이 아저씨의 마지막 날을 기록하기 시작했습니다. 흘끔 뒤를 돌아보던 선생님은 여기저기 전화를 하시더니, 나를 향해 앉으시면서,

"여기다가 기록하시지요" 하셨습니다.

내미는 종이를 들여다보니 졸업증명서 신청서였습니다.

그런데 문제가 있었습니다. 영석이 아버지의 도장을 찍는 난이 있는데, 내게는 그 도장이 없었습니다. 일단 서류의 빈칸을 메우고, 선생님이 가르쳐 주시는 대로 영석이 아버지의 이름을 썼습니다. 다음으로 선생님이 그려 주신 약도를 들고 영석이 집을 찾아갔는데…. 토담집이어도 상관없고 흙으로 만든 담이어도 상관없는데, 갑자기

호통 치는 소리가 났습니다.

"내 성안에 들어오는 놈이 누구야!"

놀라서 마당을 둘러보니, 10센티미터 높이도 안 되게 잔돌들을 삥 둘러쌓아 성곽을 만들어 놓고는 그 안에 한 아저씨가 앉아 있었습니다. 행색이 허름하고 까칠한 아저씨가. 그래도 인사를 했습니다.

"안녕하세요? 영석이 아버지시죠?"

퀭한 눈으로 올려다보는데, 이글거리는 눈이 예사롭지 않았습니다. 정신질환자를 많이 대하지 않고 살았더라면 무서웠을 것입니다.

다시 말을 건넸습니다.

"영석이랑 같이 살고 있는 사람인데요, 영석이가 중학교를 가야 하거든요. 그래서 아버님 도장이 필요해요."

도장이 뭐냐는 듯이 의아한 눈빛으로 바라보시는 것을 보니, 도장을 받아서 찍을 수 없겠다는 판단을 빨리 내릴 수밖에 없었습니다.

그래도 행여나 하고 방을 들여다보았습니다. 혹시 도장이 들어 있을 만한 서랍 같은 것이 있기를 기대하면서.

그러나 방에는, 지금 같으면 재활용품으로 분리 수거해야 할 것들이 마구 널려 있었습니다. 요 위에까지 더러운 비닐 봉투, 쮸쮸바 빈껍데기, 각종 깡통, 과자 포장지 등등 하여튼 모든 재활용품이 종류대로 굴러다니고 있었습니다.

방으로 들어가서 도장 찾는 것을 단념하고 그 집에서 나와 걸어가는데, 어떻게 군청 있는 데까지 갔다 오나 하는 생각에 막막해졌습니다. 깊은 시름에 빠지려고 하는데, 자동차 소리가 앞에서 나더니 멈추어 서서 기다리는 것이었습니다. 사람을 보니 어찌나 반갑던지, 나도 모르게 달려갔습니다.

한 아저씨가 트럭 문을 열고 내리면서 말을 건네셨습니다.

"어디서 오셨어요?"

"서울에서 왔어요."

"누구 집에 오셨는데요?"

"영석이네 집에요."

"그 집에 영석이 없어요. 엄마는 가출해 성남에서 식모살이하고 아들 둘도 다 가출해서…."

"그래서 제가 왔어요. 영석이 형도 우리와 같이 있어

요. 금년에 영석이를 중학교에 입학시키려고 하는데, 아버지 도장이 필요하다고 해서 찍으러 왔더니 그것이 불가능한 상황이네요. 도장을 어디서든 만들어야 하는데… 시간이 없어서요."

"그 애가 중학교를 간들 뭐가 달라질까요?"

"아니죠. 초등학교만 졸업하는 것과 중학교까지 졸업하는 것은 평생 살아가는 데 큰 차이가 있어요. 자기가 하려고만 하면 고등학교도 보낼 거예요."

"내가 도장 파는 연습을 한 적이 있는데 파 드릴까요? 잘은 못하지만."

"도장을 만들 줄 아세요? 지금 만들어 주실 수 있으세요?"

"이 차에 타세요. 집으로 갑시다."

얼마 가지 않아서 낮은 언덕 아래 집이 보였습니다. 그 집 앞마당에 차를 세우더니, 잠시 기다리라는 말과 함께 집으로 들어갔는데, 정말 짧은 시간에 도장을 만들어 가지고 나와서 나에게 주었습니다. 다시 그때의 감정으로 돌아가면, 지금도 내 가슴에 큰 소용돌이가 일어나는 것을 느낍니다.

그 아저씨가 나를 학교에 다시 데려다주셨습니다. 나는 "안녕히 가세요"라고 인사를 한 기억은 납니다. 그런데 빨리 서류를 받아서 가지고 갈 생각에, 도와주신 분이 돌아가는 것을 배웅도 안 한 것이 기억납니다. 그건 내 스타일이 아닌데… 어쩌면 그 아저씨가 먼저 사라졌는지도 모르겠지만, 그래도 내가 그렇게 무례할 수가… 지금도 그때를 떠올리면 부끄럽습니다.

서울로 되돌아오면서 길을 가르쳐 주셨던 할아버지들을 떠올려 보았습니다. 두 분 다 한복을 입고 계셨습니다. 그리고 도와주셨던 세 분 다 억센 경상도 사투리로 말하지 않으셨습니다. 그때 갑자기 그 할아버지들이 동네 주민이 아니라는 사실이….

온몸에 전율이 흘렀습니다.

❧

그날, 서울로 돌아와 9시에 문을 닫는 전자상가에 도착한 것은 9시 5분 전. 카세트를 하나 샀습니다. 영석이가 중학교 교복을 입고 교실에 앉아 있는 모습을 그려 보면

서 다시 어두워진 밤거리를 달려갔습니다. 이 카세트를
영어 공부할 때 잘 활용했으면 하는 기대를 품고.

군복을 입은 천사들

　장애인 시설에서 자원봉사를 시작하면서, 그들이 왜 그렇게 구차하게 살아야만 하는지에 대해 의구심이 생겼습니다. 성경에서 가져온 이름인 '작은자의집'이라는 문패를 걸어 놓고 반듯하게 살지 못하는 것이 그분의 영광을 가리는 듯해서 싫었습니다. 봉사를 하고 집으로 돌아올 때마다, 그들이 살고 있는 집과 우리 가족이 살고 있는 집의 환경이 크게 차이 나는 것에 대해서도 마음이 불편할 뿐만 아니라 괴롭기까지 했습니다.

　아들은 대학에 다닐 때, 딸내미의 도시락과 같게 점

심 도시락을 준비해 주려고 하면, 극구 반대하곤 했습니다. 그래서 거의 매일 김치찌개와 김 정도의 도시락을 싸주었습니다. 그렇게 고집한 아들에게는 반듯한 이유가 있었습니다. 다른 학생들과 비슷하게 싸 가야, 같이 먹을 때 마음이 편하다는 것이었습니다. 학점도 꼭 잘 받지 않아야 하는 이유가 있었는데, 장학금은 형편이 어려운 학생이 받고, 자기는 FM(아버지, 어머니) 장학금을 받으면 된다는 것이었습니다. 그런 맥락에서 나도 봉사하러 다니는 곳과 우리 집이 많이 다른 것에 대해 하나님께 죄송하다는 마음이 들었습니다.

나는 시설에 대해 공부하기 시작했습니다. 다른 시설을 방문했던 기억도 떠올랐습니다. 소망교회에 다니면서 봉사할 때나 여성 지도자반에서 공부할 때 찾았던 일산의 한 시설이 가장 인상 깊었습니다. 지금처럼 인터넷도 없던 시절이라, 여러 관련 부처에 일일이 전화를 걸어 알아볼 수 있는 것은 다 알아보았습니다.

1993년부터 1994년 4월까지 계속해서 법인 등록을 위해 준비했습니다. 하지만 구비 서류를 만들래야 만들

수 있는 자료들이 없었습니다. 회계장부는 입출금 기록만 있고, 서류라고는 단 한 장도 없이 운영되고 있는 실정이 암담했습니다. 다행히 후원받은 물품들을 가끔이라도 기록한 내용은 남아 있어서 그것을 가지고 달걀 하나, 휴지 한 롤, 돼지고기 몇 근, 귤 한 상자, 라면 한 상자, 양말 등등을 모두 현금화해서 계산해 생활비를 산정해 냈습니다.

그분께서 지혜를 주셔서, 법인 등록을 위한 서류를 이런 식으로 구비할 수 있었습니다. 그러다가 그곳에서의 자원봉사를 1년 정도 쉬게 되었습니다.

1년이란 세월이 지난 후에, 그 시설과 다시 인연을 갖게 되었고, 이번에는 시설 허가를 받기 위해 일을 시작하였습니다. 이를 위해 해야 할 일들이 어떤 것들인지 알아보려고, 군청에 가서 서류를 받아왔습니다. 서류를 들여다보면서 보완해야 할 것들을 챙기기 시작했습니다.

다행히 1년 전에 일을 그만둘 때, 생활보호대상자(지금의 기초생활수급자) 통장을 하나로 모아 넣어 둔 돈 7천만 원이 1억 2천만 원이 넘는 액수로 커져 있었습니다. 그때는 그만큼 은행 이자가 높았습니다.

이렇게 큰돈의 잔고가 있었던 것은 정부로부터 장애인들 앞으로 나오는 돈이 있었기 때문입니다. 지체장애인들은 돈을 본인들이 받아서 밖에 나가 고기도 사 먹고, 과자도 사 먹으면서 용돈으로 쓰고 있었습니다. 반면에 정신지체(지적장애)인 식구들의 돈은 통장에 그대로 있어서 위임장을 받아 모아 둔 것입니다.

정식 시설로 허가받기 위해 보완해야 할 것들을 보완하기 시작한 때가 1997년 5월이었습니다. 장애인 1인당 필요로 하는 면적(18제곱미터 이상)을 확보하기 위해 뒤쪽에 있던 건물을 2천만 원에 매입한 후 비닐 장판을 사다가 깔고, 목욕실에는 장애인 편의시설을 설치했습니다. 그렇게 하나씩 하나씩 채워 나갔습니다. 상담실이라고 방 이름도 붙이고, 방음벽도 만들었습니다.

그러던 중 군청에서 한 직원이 시설 보완 진행 상황을 점검하러 나왔습니다.

"원장님, 합병정화조를 만들려면 돈이 많이 드는데

그만두시고 허가받는 거 포기하시죠."

"네, 많이 들더라고요. 견적이 2천4백만 원 나왔더군요. 곧 시작하려고요."

"그렇게 많이 드는 데도 하실 건가요?"

"그럼요. 해야지요. 계속해서 이렇게 살 수는 없으니까요."

"돈은 있으세요?"

"대한민국에 많이 있는 것이 교회 십자가인데, 모자라면 얻으러 가면 되거든요."

"알았어요. 수고하세요."

한 바퀴 둘러보면서 보완 리스트를 체크하고 갔습니다.

드디어 화장실 오수 정화를 위해 합병정화조 만드는 공사를 시작합니다. 굴착기가 와서 땅을 팝니다. 50인용 합병정화조라고 합니다. 시설 출입문 앞에 가로 3미터, 세로 2미터, 깊이 1.7미터 정도 되는 웅덩이를 팠습니다. 그 안에 커다랗고 파란 플라스틱 통을 놓고 PVC관으로 연결합니다. 화장실 옆벽을 뚫고 기존의 관과 연결합니다. 화단에 무엇인가를 측량할 수 있는 기기가 달린 함을 설치합니다.

　시간이 꽤 지나 공사하는 회사 사장님이 다가옵니다.

　"수고가 많으십니다."

　"아닙니다."

　"돈은 준비되셨습니까?"

　"네."

　"이렇게 하면 어떨까요?"

　"어떻게요?"

　"지금까지의 공사 금액이 1천 9백만 원인데요. 나머지 5백만 원 공사는 직접 하시지요."

　"어떻게요?"

　"시멘트 30포를 사고, 벽돌을 사다가 (파 놓은 웅덩이 가장자리를 가리키면서) 이렇게 쌓고, 그 위에는 (트럭 위에 실린 철물을 가리키면서) 저런 것들을 길이대로 사다가 용접해서 틀을 만든 다음에, 거기에 맞게 철판을 사다가 덮으면 됩니다. 돈이 많이 절약될 겁니다."

　우리 집 식구들을 보니 돈을 더 받기가 미안해지셨나 봅니다.

　"고맙습니다. 그렇게 할게요. 일하다가 모르면 전화

해도 되죠?"

"그러시죠."

⚜

일하던 사람들이 다 떠나갑니다. 공사 뒷자락을 둘러봅니다. 심란하고 지저분한 것은 그런대로 괜찮은데, 휠체어가 나오다가 흙더미에 걸려 넘어지는 모습이 보입니다. 공사를 직접 한다고는 했지만, 어떻게 할 것인지 궁리를 해야 합니다.

가능한 한 빨리 마무리해서 장애인 식구들이 안전하게 다닐 수 있어야 합니다. 내일 잘 살겠다고 오늘을 너무 힘들게 사는 것은, 그것도 내가 아닌 장애인 식구들에게 계속 조심하면서 참고 살라고 하는 것은 내 생활관이 아닙니다. 오늘 있는 사람이 내일은 없을 수도 있으니, 후회를 가능하면 줄이면서 사는 것이 내가 인생을 사는 방법 중의 하나입니다.

'이 5백만 원짜리 공사를 어떻게 할까?' 머릿속이 바쁘게 돌아갑니다. 뾰족한 방법이 떠오르지를 않습니다.

그때 자동차가 들어오는 소리가 들립니다. 까만색 엑셀 자동차가 들어오더니 등나무 옆에 차를 세웁니다. 운전석 문이 열리고 군인이 내립니다. 조수석 문도 열립니다. 그쪽에서도 군인이 내립니다.

"안녕하세요? 어떻게 오셨나요?"

"네, 지나가다가 이 집의 이정표를 보고 따라서 들어왔어요. 뭐 도와 드릴 것이 있나요?"

"오늘의 천군이시군요!"

"그건 무슨 말씀이신가요?"

"아아! 그런 것이 있어요. 일이 생길 때마다 그분이 보내 주시는 천사가 있거든요. 남자 천사니까 천군이 맞잖아요."

군인 아저씨의 얼굴이 붉어집니다.

"저는 ○○부대 ○○○ 원사입니다. 혹시 할 일이 있으면 도와 드리겠습니다."

하늘을 우러러봅니다.

'역시 내려다보고 계셨네요. 고맙습니다.'

"무엇을 해 드릴까요?"

합병정화조 웅덩이 있는 곳으로 갑니다. 군인들도 따라옵니다.

"여기 이 웅덩이를 벽돌로 쌓는 일을 해야 하는데, 우리 식구들 중에는 몸이 성한 사람이 없어서요. 우선 시멘트 30포와 이 웅덩이를 돌려 쌓을 만한 벽돌이 있어야 하거든요."

"그다음은요?"

"그다음은 우리가 철판이랑 사다가 씌우면 된다고 하더라고요."

"결재를 받으려면 다음 주 중에나 가능할 겁니다. 그때 해 드리죠."

"다음 주요? 그러면 너무 늦는데…. 혹시라도 우리 집 식구들이 다치는 사고라도 날까 신경이 쓰여서요. 나오지 말라고 해도 그냥 신나게 돌아다니거든요. 그러다가 넘어져 다칠까 봐…."

"그래도 그렇게 빨리는 결재가 안 나올 겁니다."

"알겠습니다. 다음 주에만 해 주셔도 고마운 일이지요. 제가 욕심이 좀 많지요?"

군인들이 바라보며 웃어 줍니다.

"잘 부탁합니다."

참으로 뻔뻔해진 나 자신이 너무 어처구니없습니다. 언제부터 이렇게 변했는지, 스스로도 이해가 안 됩니다. 모든 것의 주인인 것처럼 부탁하고, 이렇게 당당하다니.

그날은 수요일이었습니다. 다음 날 수원에 있는 도청에 가서 복지과 과장과 면담하고 허가받는 일을 적극적으로 도와주겠다는 약속을 받습니다. 그리고 다음 날, 그러니까 군인들이 왔다 간 이틀 뒤인 금요일에 시설에 갔습니다. 들어가면서, 허가받기 위해 보완한 이 구석 저 구석을 살펴보며 고마움을 올려 드립니다. 그러다가 들어가는 출입구에 가서 두 눈이 정지합니다.

"어?"

웅덩이를 만드느라 흙을 퍼내어 쌓아 놓았던 흙더미가 사라졌습니다. 합병정화조가 들어가 있는 웅덩이는 말끔하게 벽돌로 마감되어 있습니다. 가장자리도 흙으로 꽉꽉 채워져 있습니다.

"오오! 하나님. 나의 하나님! 우리들의 하나님! 내 하나님!"

급하게 차에서 내려, 집 안으로 들어갑니다. 달려드
는 아이들의 얼굴이 작아졌다 커졌다 합니다.

"밖에 저거 누가 했니?"

식구들이 합창을 합니다.

"군인 아저씨들이요."

"언제?"

한 봉사자가 다가옵니다.

"어제 아침 일찍부터 와서 했어요. 트럭에다 벽돌이
랑 시멘트랑 많이 싣고 와서 다 해 놓고는, 간다는 얘기도
없이 갔더라고요. 라면이라도 끓여 주려고 했는데."

얼른 줄자를 바지 주머니에 넣고 고물상으로 갔습니
다. 얼기설기 얽혀 있는 고철들 위를 두 손으로 짚고 돌아
다니면서 길이에 맞는 것을 찾아내어 봉고차 뒷문을 열
고 실었습니다. 그다음, 철판 파는 곳으로 가서 필요한 치
수대로 재단하여 철판도 실었습니다. 그렇게 합병정화조
공사가 마무리되었습니다.

내 계획이 아니고, 그분이 준비하신 대로 일이 이루어졌습니다.

연약한 나를 아시는 그분이, 내 마음을 잘 아시고 이끄시는 그분이, 오늘도 내일도 항상 이곳에 함께 계셔 주시기를.

우리 집은 이렇게 저렇게 보내 주시는 천사들의 도움으로 1998년 1월 21일, 양주시 최초로 허가 시설이 되었습니다.

거리의 천사들

나의 천사가 너를 인도할 것이다(출애굽기 32:34).

내가 한 천사를 보낼 터이니, 그가 너를 인도할 것이다(출 애굽기 33:2).

쾅!

큰 소리가 납니다.

사무실에 있던 직원들의 눈이 모두 출입문 쪽으로 모였습니다. 분홍 자매가 상기되어 붉어진 얼굴로 사무실에 들어오려다가 유리로 만들어진 문에 그대로 부딪히는 소리였습니다. 직원들은 제각각의 모습으로 당황한 기색이 역력합니다.

"원장님!"

뒤이어서 생활재활 부서의 안 선생님도 숨을 헐떡이며 달려옵니다. 생활관에서부터 달려왔나 봅니다. 원장은 아무 말도 하지 않고 살핍니다. 분홍 자매가 숨이 고르지 않은 그대로, 헐떡이며 말을 합니다.

"원장님! 말도 안 돼요."

그래도 원장은 그대로 지켜만 봅니다. 두 사람의 숨소리가 안정을 찾을 때까지 기다립니다. 원장의 책상 앞에 앉아 있던 재활교사가 원장의 눈치를 살핍니다. 뒤따라 들어온 안 선생님이 기다리다 못해 이야기를 시작합니다.

안 선생: 원장님, 분홍 자매가 우리 몰래 또 커피를 훔쳐 먹어서….

분홍 자매: 원장님! 커피 먹는 것이 뭐 죄도 아닌데, 왜 못 먹게 해요.

원장: 분홍 자매, 커피 먹는 것이 죄는 아니지요.

분홍 자매: 그런데 왜 못 먹게 하는데요?

원장: 우리 안 선생님한테 물어볼까요?

안 선생: 원장님, 분홍 자매가 커피를 많이 먹으면, 잠도 잘 못 자고 밥도 잘 안 먹어요. 오늘도 오전에 한 번 먹었거든요.

원장이 분홍 자매에게로 시선을 돌렸습니다.

분홍 자매: 원장님, 나 집에 보내 주세요. 집에 가고 싶어요.

원장: 안 선생님, 분홍 자매가 집에 가고 싶다는데, 갈 수 있도록 노력해 볼까요?

참관인처럼 가만히 듣고만 있던 재활교사가 끼어듭니다.

재활교사: 안 돼요. 여기 온 지 20년이 넘었다면서요. 집이 어디 있는지도 모르는데 어떻게 보내요? 안 돼요.

안 선생: 안 돼요. 내보냈다가 길을 잃어버리면 원장님이 곤란한 일 당하실 텐데.

원장: 내일 아침에 직원회의 있지요? 그때 의논하기로 하죠. 이런 시설에 있는 것보다 좀 힘들어도 집에 가서 살 수 있으면 좋죠. (재활교사를 바라보며) 내일 아침 회의 때까지 분홍 자매에 관한 서류를 챙기셔서, 회의할 때 참고할 수 있도록 준비해 주실래요?

재활교사: 네.

⚬

다음 날 아침, 선생님들이 하나씩 둘씩 사무실 동을 나섭니다. 세탁실 선생님, 물리치료사, 운전기사 선생님, 사무원들이 푹신한 초록색 통로를 지나가는 모습이 창밖으로 보입니다. 살구나무 꽃이 정원을 환하게 비추고 있습니다. 벚나무가 비싸다고 해서 대신 심은 살구나무가 '나 예쁘지요' 자랑하는 듯 화사한 자태를 흔들며 내려다 봅니다.

재활교사가 일어나며 말합니다.

"회의할 시간이 다 되어 가는데요."

"그럼 갑시다."

파릇파릇 돋아난 잔디가 아침 햇살을 받아 반짝이며 인사합니다. 걸어가는 길목의 개미도 매일 다니는 자기들의 길로 부지런히 종종걸음을 칩니다. 원장은 가냘픈 개미를 밟지 않으려고 조심합니다. 많은 개미들이 휠체어 바퀴에 깔려서 숨을 거둘 테니, 걸어 다니는 사람들은 조심해서 다녀야 합니다.

생활관 앞으로 가니 자동문이 열립니다. 식당의 이름은 맛나방, 남자 장애인들이 살고 있는 아래층의 이름은 보금자리, 위층은 둥지라고 지었습니다. 직원회의는 맛나방에서 합니다. 중증 장애인들을 살피면서 회의를 할 수 있기 때문입니다. 장애인 식구들도 참가하고 싶으면 올 수 있도록 열려 있는 공개회의입니다.

모이면 찬양하고 기도하고 말씀 읽고….

생활재활 교사가 안건을 말합니다.

정 선생: 저녁 잠자리에 보배(술 이름) 한 잔씩 드리는 건에 대해서 이야기를 하려고 합니다.

안 선생: 네. 그것은 중지해야 합니다.

원장: 이유는요?

정 선생: 여기는 기독교 시설입니다. 그러니까….

원장: 기독교 시설에서는 먹으면 안 되나요? 그 이유 말고, 다른 이유가 있으면 말씀해 보세요.

차 선생: 마시고 나서 '크~윽' 하면 남자애들이 따라 하거든요.

원장: '크~윽' 하는 것이 나쁜가요?

정 선생: 그건 아니지만….

원장: 그렇게 하도록 허락했던 이유는 경추장애 환자들이 저혈압 때문에 추위를 많이 타서, 그 어려움을 조금이라도 같이 이해하고, 돕고 싶다는 의미에서 드리기 시작한 거였잖아요? 그렇게 회의를 거쳐서 결정한 거니까, 여러분들의 의사가 그렇다면 다시 결정을 해야겠지요. 그런데 불행한 것은 우리들의 결정에 의해서 우리보다 나이가 많으신 분들의 생활이 정해진다는 것이 슬프게 여겨지지만 할 수 없는 일이죠. 이 건에 대해서 더 하실 말씀 있으신 분 계신가요?

운전기사: 제가 말을 해도 괜찮을지 모르지만…, 배려해 주신 것에 대해서 그분들이 많이 감격하고, 고마워하고 있습니다. 만약에 안 드리게 되면 아주 서운해하실

텐데요?

세탁원: 그 조그만 잔으로 하나 마신다고 토하는 것
도 아니고, 취해서 소란을 피우는 것도 아니고 하니, 저는
그냥 계속해서 드리면 좋겠다는 생각입니다.

잠시 침묵이 흐릅니다.

원장: 바울도 디모데에게 건강을 위해서~. 고만두고
더 이상 하실 이야기 없으면 표결에 들어가겠습니다. 이
건에 대해서 계속 드리자는 분은 손을 들어 주십시오!

재활교사: 다섯 명입니다.

원장: 중지하는 것이 좋다고 생각하시는 분은요?

재활교사: 열다섯 명입니다. 나머지 오늘 휴무인 선
생님을 제외하면.

원장: 이미 후원물품 받아 놓은 '보배'를 다 드린 후
에 마감하고 싶은데, 반대하시는 선생님 있으시면 말씀해
주십시오~. 그러면 반대가 없으신 것으로 알고, 식구들에
게 말씀드리고 중단하기로 하겠습니다.

정 선생: 죄송합니다, 원장님!

안 선생: 미안합니다, 원장님!

원장: 아니요. 저한테 미안할 것도, 죄송할 것도 없습니다. 하나님께서 우리에게 뭐라고 하실지, 혹 바리새인 같다고 책망하시지는 않을지, 조금은 혼자 더 생각해 볼 일입니다. 다음 안건으로 넘어가겠습니다. 재활 선생님 안건을 말씀하시지요.

재활교사: 어제 분홍 자매가 집에 가겠다고 했습니다. 그래서 그 건에 대해서 의견을 모아 보려고 합니다. 분홍 자매에 관한 정보는 필요한 것만 알려 드리겠습니다. 개인 정보가 외부로 유출되는 것은 불법이니까요. 1989년도에 입소했으니까 우리 집에 오신 지 12년이 넘은 셈입니다. 입소할 때의 보호자는 아버지였고, 매달 5만 원씩 보내기로 했는데 5개월만 보내고 이후 지금까지 중단된 상태입니다. 입소할 때의 전화번호로 연락해 보았지만, 통화가 불가합니다. 주소지가 그대로인지는 확인하지 못했습니다.

정 선생: 갑자기 분홍 자매가 집에 가는 이야기가 왜 나왔는지 모르겠습니다.

재활교사: 어제 근무가 아니셔서 모르시나 봅니다.

어제 커피 사건이 또 있었는데 분홍 자매가 집에 가고 싶다고 해서, 원장님께서 검토해 보라고 하셨습니다. 그래서 안건으로 나왔습니다.

정 선생: 아! 그랬군요. 하지만 가고 싶어 한다고 보낼 수는 없을 것 같은데요. 시설에서만 오래 살았는데 어떻게….

모두 원장을 바라봅니다.

원장: 언제까지 데리고 다닐 수는 없잖아요. 더구나 마흔 살이 넘은 사람을.

차 선생: 그럼요?

원장: 다른 식구들 외출해서 훈련하듯이, 메모지에 필요한 사항들을 적어서 줄 겁니다. 물론 본인 이름으로 되어 있는 저금통장도 같이요.

정 선생: 통장에 돈이 꽤 들어 있을 텐데요.

원장: 그래도 본인의 것이니까. 그리고 그 정도의 머리는 된다고 보는데요.

차 선생: 그러다가 누가 납치해 가면요?

정 선생: 요새 그 흔한 마늘 까는 데서 잡아가 일을 시키면요?

원장은 다시 선생님들을 둘러봅니다.

원장: 그럼 내일 비번인 선생님이 자원봉사라도 하시겠습니까?
원목: 잘 해결되게 도와주시라고 기도하겠습니다.
세탁원: 아멘.

다 같이 무겁게 웃었습니다.

✄

회의가 있던 다음 날 아침에 생활관이 시끌시끌해졌습니다. 분홍 자매가 들뜬 상태로 여기저기 돌아다니며 집에 간다고 얘기를 하고 다닌 것입니다. 얼굴이 발갛게 상기된 채로 아침 식사 시간 전부터 옷들을 챙기고 웬만한 옷들은 다른 식구들에게 나누어 줍니다. 지체장애인 어른들은 무슨 이야기인지 이해가 안 되어서 궁금하고, 정신지체 친구들은 부러워서 선생님들을 따라다니며 자기들도 집에 간다고 성화를 부립니다. 이동 침대에 누워서 지내는 스물두 살 경석이는 어눌한 말투로 "어마, 어마"를 부릅니다. 자기도 엄마한테 가겠다는 이야기일 것입니다.

아침 식사가 끝나자마자 분홍 자매는 사무실로 달려왔습니다. 유난히 분홍색을 좋아하는 자매의 피부는 뽀얗고 하얗습니다. 맑고 투명한 피부에 잘 어울리기도 하는 분홍색 옷을 아래위로 차려입었습니다. 누가 챙겨 주었는지 자그마한 하얀 가방을 들고 왔습니다.

분홍 자매: 원장님, 이제 집에 가도 되죠?

원장: 아버지의 존함은?

분홍 자매: 백○○.

원장: 내 이름은?

분홍 자매: 집에 가는데 원장 이름이 왜 필요해요?

원장: 만일, 가다가 길을 못 찾으면 사람들이 어디서 왔냐고 물을 거 아니에요? 그러면, 우리 집 이름과 내 이

름, 전화번호는 알고 있어야 할 것 같은데.

분홍 자매: 그러면 다른 애들이 시내에 나갈 때처럼 써 주면 되잖아요?

원장: 그 친구들은 학교를 안 다녔으니까 써 줬고, 분홍 자매는 여고까지 졸업했으니까 써 주면 기분 나쁠 것 같아서 그러는데요.

분홍 자매: 기분 나쁠 것 없어요. 다시 여기 안 올 건데, 그런 건 외워서 뭣해요.

원장: 알았어요. 그러면 써 줄 테니까 누가 물어보면 종이를 보여 줄래요?

원장은 메모지에 다음과 같은 글을 쓰기 시작합니다.

이 종이를 가지고 계시는 분은 중증장애인 요양시설 요셉의 집에 계시는 분입니다. 만약 이분이 길을 잃어 헤매고 있으면, 아래 연락처로 알려주시면 고맙겠습니다.

- 아 래 -

원장 김**   010-8569-○○○○

부탁합니다. 감사합니다.

분홍 자매: 알았어요. 그렇게 할게요.

원장: 이거 받으세요. 주민등록증하고 저금통장과 도장. 지금 가지고 있는 돈이 얼마나 있어요?

분홍 자매: 별로 없어요.

원장: 농협이 어디 있는지 알지요?

분홍 자매: 내가 바본 줄 아세요?

원장: 아닌 줄 아니까 혼자 가시게 해 드리는 거죠.

분홍 자매: 치~, 정이는 바보인데도 혼자 치과 보내 놓고는.

원장: 그랬던가요?

분홍 자매: 그럼 나는 가요. 안녕히 계세요.

분홍 자매는 한 번도 뒤돌아보지 않고, 걸음을 재촉해서 버스가 다니는 길을 향해 걸어갑니다.

원장: (운전기사를 바라보며) 김 선생님, 저 친구 버스 타는 데까지만 따라가 봐 주실래요? 그다음에는 여러 사람이 다니는 데로 갈 테니까.

운전기사는 웃음으로 답을 하고 사무실 밖으로 나갑니다.

벽시계를 보니 9시 30분이 조금 지나 있습니다. 원장은 걱정을 눌러 두기 위해 생활관으로 가서 식구들과 이야기를 나누면서도, 혹시 연락이 올지 몰라 휴대폰을 들고 다닙니다.

❁

갑자기 손안에 꽉 잡혀 있던 휴대폰이 예쁜 소리를 냅니다.

"김○○입니다."

"네, 원장님, 여기 농협인데요. 원장님네 집식구 한 사람이 통장을 가지고 와서, 돈을 다 찾는다고 하는데요?"

"네, 알고 있어요. 그분의 개인 통장이 맞아요. 그러니까 원하는 대로 해 주셔도 돼요."

"네, 알겠습니다. 혹시나 해서 연락드렸습니다."

"이렇게 관심 가져 주셔서 고맙습니다."

"아, 별말씀을요. 나중에 뵙겠습니다."

원장은 옆에 있던 생활 파트 선생님과 휠체어에 앉아

계신, 나이가 제일 많은 식구에게 웃으며 말했습니다.

"분홍 자매가 농협 돈 찾는 데까지는 안전히 갔어요."

이야기를 듣고 있던 최고령자 식구가 말씀하십니다.

"그게 그렇게 좋으세요?"

"그럼요, 그다음은 다 잘될 테니까요."

원장은 휴대폰을 꺼내서 시간을 봅니다.

10시 20분.

다음 연락은 어디서 몇 시에 올까, 궁금해하면서 사무실로 향합니다. 포근한 해님이 더 많이 올라와서 가는 길을 비추어 줍니다. 해님도 '나도 분홍 자매를 따라가고 있다'고 말해 주는 듯합니다. 책상에 앉아서 정리하고 결재할 서류들을 살펴보는데, 이상하게 일이 더딥니다. 몸의 반쪽은 분홍 자매를 따라간 듯합니다.

전화벨 소리가 울릴 때마다 평상시와 다르게 신경이 쓰입니다. 몸에서 열이 나는 것 같아서 밖으로 나옵니다. 먼 산을 바라봅니다. 다시 사무실에 들어가서 휴대폰을 들고 나옵니다.

차고 쪽에서 사무실을 바라보고 있던 스물여섯 살 자

폐증이 있는 청년이 달려옵니다.

"이~모~"

입이 무거운 것에 눌린 듯한 소리를 내며, 달려와서
얼굴을 비벼댑니다. 턱에 난 수염이 따갑습니다.

"으응, 경찬이 거기 있었구나. 거기 혼자 있으면 심심
하지 않아요?"

"아니~, 이-모 나-아-오-나 보-고 있-었-어."

이제는 제법 자신의 생각을 표현합니다.

"그랬구나. 이모하고 잔디 위로 걸어 다녀 볼까?"

"으~응."

경찬이는 원장의 손을 끌어다 자기 손안에 넣습니다.

"그럼, 우리 손잡고 사이좋게 한 바퀴 돌자~."

"으~응."

우리는 손을 맞잡고 걷기 시작합니다. 원장은 자신도
모르는 사이에 시계로 눈이 끌려갑니다. 경찬이와 같이
있을 때, 상대방이 다른 데 마음을 쓰는 것같이 느껴지면
경찬이는 손톱을 뜯는 증상을 보입니다. 그러면 안 되는
줄 알면서도 조절이 잘 안 됩니다.

"경찬아, 이모 사무실에 들어가야 하니까 같이 들어

갈래?"

"아-이-야."

싫다고 합니다. 이상하게도 경찬이는 많은 사람들과 같이 있는 것을 두려워합니다.

"그럼 이모가 급한 일만 하고 나올 테니까, 방에 가서 기다리고 있을래? 분홍 아줌마가 잘 가고 있나 궁금하기도 하고~. 참! 경찬이도 고모한테 전화해서 집에 데리고 가라고 그럴까?"

"아-이, 조-와!"

웃으면 하회탈처럼 주름 잡히는 얼굴, 입이 더 벌어질 수 없을 만큼 크게 벌어집니다. 집 이야기를 하니 그렇게 좋아할 수가 없습니다. 집을 떠나온 지 8년이 넘었는데도 기억에 남은 것이 있나 봅니다. 하지만 이제는 경찬이가 집에 간다고 하더라도 엄마, 아빠는 안 계십니다. 다행히 한 동네에 좋은 고모가 한 분 남아 계십니다.

"이모가 경찬이 고모한테 전화해서 바꿔 줄게 이야기해 볼래?"

"아아이이야" 하며 머리를 설레설레 흔듭니다.

경찬이가 무서워하는 것 중에는, 전화 송수화기에 대

고 말하는 것도 있습니다. 아마도 보이지 않는 것은 귀신이라는 생각을 갖고 있는 것 같습니다.

물리치료실에서 운동하던 식구들이 하나둘 나가기 시작하는 것이 보입니다. 점심 식사 시간이 되었나 봅니다. 원장도 일어나서 사무실을 나갑니다. 주머니 안에 휴대폰이 있는지 다시 확인합니다. 통로에 들어서자 건물 뒤쪽에서 경찬이가 튀어나옵니다. 거기에 숨어서 기다리고 있었나 봅니다.

내 손을 잡습니다. 그때 바지 주머니 안에서 소리가 튕겨 나옵니다. 혹시나 소리를 못 듣게 될까 봐 볼륨을 최대한으로 올려놓았기 때문입니다. 경찬이가 손을 놓아줍니다.

"요셉의집, 김○○입니다."

"수고하십니다. 여기는 청량리에 있는 ○○○파출소입니다. 저는 최 경사인데 확인 전화를 드렸습니다."

떨리는 가슴을 내려놓고 대답합니다.

"말씀하십시오."

"백분홍이라는 아주머니를 아십니까?"

"네, 우리 집 식구입니다."

"집에 간다고 하는데 어떻게 하면 됩니까?"

"그 아줌마의 아버님이 우리 집에 맡겨 놓으시고 오래전에 연락을 끊으셔서, 우리로서는 찾을 수가 없습니다. 그런데, 본인이 집에 가고 싶어 하시니까 가도록 도와주고 싶습니다. 부탁드립니다."

"그전에도 이런 일이 있었습니까?"

"네. 자주 있는 일은 아니지만, 가끔은 보호자들이 맡겨 놓고는 잠적하시는 경우가 있습니다. 그때는 파출소에서 찾아주셔서 도움이 되었던 적이 있습니다."

"그런데 이 아주머니는 왜 혼자 보내셨습니까?"

"그 이유는요, 다른 분들은 대부분 무학이셨는데 분홍 자매는 여고를 졸업했거든요. 혼자 처리할 수 있는 능력이 있다고 인정했기 때문입니다."

"다행입니다. 어떤 아주머니가 이상하게 보시고 여기 우리 파출소로 데리고 왔으니까요."

"고맙습니다. 수고스러우시겠지만 부탁드립니다."

"조회해서 처리하겠습니다."

휴대폰을 다시 주머니에 넣고 맛나방으로 갑니다. 전

화하는 동안 경찬이는 맛나방에 와서 밥을 먹고 있습니다. 원장은 맛을 즐길 여유가 없습니다. 밥을 쓸어 넣듯이 하고는 밖으로 나오는데, 또다시 휴대폰에서 울리는 소리가 머리를 두드립니다.

"김○○입니다."

"아까 전화했던 최 경사입니다."

"찾으셨지요?"

"네, 찾았습니다. 강남에 있는 ○○○아파트에 살고 계시더군요. 확인하고 아주머니를 전철역까지 안내해 드렸습니다."

"고맙습니다. 수고하셨습니다. 감사합니다."

습관적으로 다시 시계를 보았습니다. 12시 40분입니다. 다음으로 전화할 사람은 어떤 사람일까, 어떤 모습을 하고 있는 천사일까, 생각하니 마음이 두근두근 설렜습니다.

※

중증장애인 시설은 하루도 조용히 넘어가는 날이 없

습니다. 정신지체 식구들은 프로그램에 참여해서 각양각색의 창작 활동을 하면서 시끌시끌하게 살고 있습니다. 지체장애인 식구들은 몸이 불편한 대로 물리치료도 하고 휠체어 댄스도 합니다. 때로는 음식이 너무 싱겁다고 소금을 숨겨 가지고 다니다가 선생님들과 승강이가 벌어지기도 합니다.

점심 식사 후에 네 번의 전화벨이 울렸지만 기다리고 있던 전화는 아닙니다. 오후에 방문 봉사 오기로 한 군인들이 두 대의 트럭에 나누어 타고 들어옵니다. 40명에 가까운 군인들이 강당에 모여 앉습니다. 장애인과 시설에 대한 안내를 합니다.

주변의 군부대에서는 우리 집에 오는 것을 아주 좋아합니다. 와서 교육을 받고, 노력 봉사를 한 군인들은 자살하지 않는다는 긍정적인 통계 때문에 인기가 아주 좋습니다. 장애인이 생기는 이유에 대해서 이야기하고 있는데, 주머니가 요동을 칩니다. 진동으로 해 놓았기 때문입니다.

"급하게 받을 연락이 있는데, 받아도 될까요?"

"네!"

군인 청년들이 우렁찬 소리로 합창을 합니다.

"요셉의집 김○○입니다."

어떤 남자의 목소리가 들립니다.

"아! 맞기는 맞군요. 그러면 이 키 작은 아주머니가 집으로 가시는 것도 맞습니까?"

"네, 집에 가시고 싶어 해서 오랜만에 집에 가시는 길이거든요. 그런데 지금 어디 계시는 겁니까?"

"여기는 전철 안인데요. 이 아주머니가 가시는 곳이 ○○○아파트라고 하는데 맞습니까?"

"네, 경찰관이 찾아주신 주소니까 맞습니다."

"지금 제 옆에 앉아 계신데요, 이야기해 보시겠습니까?"

"그렇게 해 주신다면 정말 고맙겠습니다."

"그러면 바꿔 드리겠습니다. 잠시만요."

"원장님, 나 분홍이에요. 이 아저씨가 아버지 사는 아파트에 사신대요. 그래서 따라서 가려고요. 괜찮죠?"

"그럼요. 괜찮아요. 고마운 일이지요. 그런데 분홍 자매, 파출소에서 나와서 지금까지 뭘 했어요?"

"아아, 전철역에서 나와서 우동을 한 그릇 사 먹고,

다시 전철 타러 갔어요. 걱정했어요?"

"그런 건 아니지만, 시간이 많이 지나갔으니까. 아저씨한테 전화기 드려 볼래요?"

"네~"

"이렇게 친절하게 우리 식구를 대해 주셔서 고맙습니다. 부탁드리겠습니다."

"뭘요. 바로 옆 동인데요."

"고맙습니다."

머릿속으로 분홍 자매가 두리번거리면서 상점들을 바라보는 모습과 '무엇을 먹을까' 고민하며 식당 메뉴판을 보고 고르는 모양이 지나갑니다. 시계를 들여다봅니다. 4시 40분입니다. 통화를 마치고 지금 진행 중인 이야기를 군인들에게 들려줍니다. 누가 시킨 것도 아닌데 우렁찬 박수 소리가 동시에 터져 나옵니다. 모두 다 한마음이 되어 분홍 자매가 아버지한테 잘 갈 수 있게 된 것을 기뻐한 것입니다.

사무실동에서 근무하는 직원들의 퇴근하는 모습들이 창밖으로 지나갑니다. 마지막으로 사무원도 인사를 하고 나갑니다. 저녁 식사 시간이 다가옵니다. 원장도 식사하러 생활관으로 걸어갑니다. 그러니까 저녁 6시가 지나가고 있는 것입니다. 원장은 지는 봄볕도 좋다고, 해님 그림자에 기대어 봅니다. 정이가 마중 나와 팔짱을 끼고 같이 갑니다.

묵은지로 끓인 김치찌개가 맛있습니다. 한 입 가득 물고 씹고 있는데 전화기에서 소리가 납니다. 식구들과 이야기하느라 머릿속에서 잠시 떠나갔던 분홍 자매가 급하게 밀고 들어옵니다.

"요셉의집, 김○○입니다."

"네, 원장님, 아까 전철에서 연락했던 사람입니다. 그 여자분을 아버님 댁에까지 잘 데려다 드렸습니다. 올케라는 분이 데리고 들어가는 것까지 확인하고 연락하는 겁니다."

"정말 고맙습니다. 오늘의 천사이십니다."

"네? 무슨 말씀이신지요?"

놀라고 의아해하는 음성이 들려옵니다.

"네, 우리 집에 가끔 천사들을 보내셔서 일하실 때가 있거든요. 오늘은 선생님께서 그 심부름을 하신 거예요. 정말 고맙습니다."

"아~, 그게...."

말을 잇지 못하고 어리둥절해하는 모습으로 서 있는 아저씨가 보이는 것 같습니다.

손에 잡히질 않아 책상 한쪽으로 밀어 놓았던 서류들을 끌어다가 한 장씩 처리하기 시작합니다. 오늘따라 도장 찍을 일도 더 많아 보이고, 검토할 프로그램 계획안들도 길어 보입니다. 하루 종일 했어야 할 일들을, 신경 쓸 일 없이 처리할 수 있는 좋은 시간입니다. 직원들이 제출해 놓고 간 서류들을 열심히 읽고, 도장을 찍고 있는데 전화가 옵니다. 휴대폰 배터리가 20퍼센트만 남아 있습니다. 한 손으로 충전 어댑터를 찾아 연결하면서 말합니다.

"요셉의집, 김○○입니다."

"나, 분홍이 애비요."

"네, 안녕하셨어요?"

"안녕은? 이러는 법이 어디 있소?"

"어떤 법이요?"

"이렇게 갑자기 보내는 게 어디 있냐고요?"

"분홍 자매 아버님께서 맡기실 때는 한 달에 5만 원

씩 보내고, 명절에는 데리고 갔다 오시기로 하셨는데, 그 약속을 얼마나 지키셨는데요?"

"그건 살기가 힘들어서…."

상대방의 목소리가 누그러집니다.

"우리도 살기가 힘들고, 또 댁의 따님이 아버지한테 가고 싶다고 해서, 나라의 도움을 받아 주소를 찾아서 보내 드린 건데요."

"내일 다시 데리고 가겠소."

"그건 안 되지요. 그렇게 오랫동안 연락도 안 하고 지내셨으면서, 하룻밤 지내고 데리고 오신다는 것은 부모로서 할 도리가 못 된다고 여겨지는데요."

"그러면 어쩌란 말이요? 나도 아들 집에 살고 있는데."

"그 입장이 이해가 전혀 안 되는 것은 아니지만, 최소한도 일주일은 같이 지내시고…."

"일주일은 너무 길어요."

"그럼 다른 시설을 알아보시지요."

"아들하고 의논해서 다시 연락 드리겠수다."

"한 가지 더 말씀드릴 것이 있는데, 만약 이번에 다시 오시게 되면 입소계약서를 다시 쓰셔야 합니다."

"왜요?"

"그때는 무허가 시설이었지만, 지금은 허가 시설이 되면서 모든 것이 바뀌었습니다. 그러니까 정식으로 된 서류가 필요하거든요."

아무런 반응도 없이 전화기에서 말소리가 끊겼습니다.

❧

정확히 일주일 후에 분홍 자매는 살구꽃보다도 더 밝고 환한 모습으로, 유리로 된 출입문에 부딪히지도 않고, 사무실 문을 힘차게 열고 들어왔습니다. 그녀의 뒤로는 그녀보다 조금 몸집이 큰 그녀의 아버지가 힘없이 따라 들어왔습니다. 생기발랄하고 의기양양한 딸과, 그 딸을 맡겨야 하는 아버지, 두 사람의 모습은 아주 대조적입니다.

마음이 저립니다. 성인인 딸을 시설에 맡기고 가야 하는 늙은 아버지의 입장에 서 봅니다.

사무국장은 아버지와 입소계약서를 작성하고, 분홍 자매는 가져온 커피 상자를 끌어안고 나가려고 합니다.

계약서를 쓰고 있던 사무국장은 분홍 자매에게 커피를 가지고 들어가면 안 된다고 말립니다.

모두가 원장을 바라봅니다.

자기가 가져왔으니까 자기 마음대로 먹겠다는 분홍 자매 말도 맞고, 여기는 시설이니까 시설 규칙대로 해야 한다는 사무국장의 말도 맞습니다. 할 수 없이 원장이 이야기를 해야 합니다.

"분홍 자매~."

"네~에."

"우리 정신과 병원에서 내가 보증 서서 퇴원할 때, 의사 선생님하고 약속한 것 생각나나요?"

분홍 자매의 머리가 무겁게 아래로 수그러집니다. 하지만 정작 원장 마음에는 '하루에 몇 번을 먹으면 뭐가 어때서' 하는 생각이 스쳐 갑니다.

"네~에."

"뭐라고 약속했죠?"

"하루에 커피는 한 번만 먹기로요."

"그러니까…."

분홍 자매는 포기한 듯한 표정으로 말합니다.

"알았어요. 나는 정이한테 갈래요."

다시 웃음 가득해진 얼굴로, 몸과 마음으로 품고 있던 커피 상자를 자신의 입소계약서가 놓여 있는 탁자 위에 내려놓고 갑니다. 이래도 저래도 마음이 편치 않습니다. 그래도 한 가지 크게 변한 것은 있습니다. 분홍 자매의 행동에 봄과 같은 생기가 솟아오르고 있음을 봅니다. 언 땅도 녹이면서 뚫고 올라오는 마당의 금잔디같이.

예수님께 집을 지어 드린 천사들

인자가 모든 천사와 더불어 영광에 둘러싸여서 올 때에, 그
는 자기의 영광의 보좌에 앉을 것이다. 그는 모든 민족을
그의 앞에 불러 모아, 목자가 양과 염소를 가르듯이 그들을
갈라서 양은 그의 오른쪽에, 염소는 그의 왼쪽에 세울 것이
다. 그 때에 임금은 자기 오른쪽에 있는 사람들에게 말하기
를 '내 아버지께 복을 받은 사람들아, 와서 창세로부터 너
희를 위하여 준비한 이 나라를 차지하여라. 너희는 내가 주
릴 때에 내게 먹을 것을 주었고, 목마를 때에 마실 것을 주
었으며, 나그네로 있을 때에 영접하였고, 헐벗을 때에 입을

것을 주었고, 병들었을 때에 돌보아 주었고, 감옥에 갇혀 있을 때에 찾아 주었다'할 것이다(마태복음 25:31~36).

1998년 1월 21일, 정식으로 시설 허가를 받은 후에 국가보조금으로 한 첫 번째 기능보강사업은 도로를 만드는 것이었습니다. 시설 안에 있는 마당으로 동네 차들이 지나다녀서, 봉사하러 다닐 때부터 늘 불안했습니다. 그래서 가납교회 서기봉 목사님에게서 기증받았던 땅과 '작은자의집' 명의로 되어 있던 땅을 정리해서 폭 4미터, 길이 104미터의 도로를 시설 외곽으로 만들었습니다. 허름하고 초라한 시설이기는 하지만 여기서 더 이상 교통사고가 날 일은 없겠다 생각하니 안심이 되고 좋았습니다. 이전에는 윗동네로 가는 길이 없어서 우리 집 마당을 지나서 다니곤 했던 것입니다.

외형적인 변화도 좋았지만 더 좋았던 것은 그 허름하고 초라한 집 안의 이 방, 저 방으로 흰 가운을 입은 의사와 간호사가 돌아다니면서 식구들을 돌봐 주는 것이었습니다. 그 모습은 하늘에 닿을 만큼의 기쁨을 안겨 주곤 했습니다. 이렇게 좋은 보살핌을 받는 것이 대한민국이라는 나라가 있기 때문이라는 데까지 이르면 저절로 '대한민국 만세'가 나옵니다. 그리고 하나님께 이런 나라를 허락하신 것에 대한 감사의 향기를 올려 드립니다.

그다음 해에는 건물 개보수 기능보강사업을 신청했습니다. 국가보조금 5천만 원이 책정되었습니다. 그 예산을 머릿속에 넣고, 우리 집의 이 구석, 저 구석을 살펴보았습니다. 개보수만으로는 장애인들이 편리하게 살 수 있게 만들 수 있는 그림이 그려지지 않았습니다.

도청 담당 공무원인 최 선생님에게 전화했습니다. 사정 이야기를 했습니다. 다음 주에 시설을 방문하여 의논하자고 했습니다. 시설 여기저기를 같이 살펴본 최 선생님의 표정은 심각했습니다. 이런 시설로 어떻게 허가를 받았느냐는 표정이었습니다. 그래서 기능보강사업을 신축으로 변경하기로 결정하였습니다. 그즈음은 김대중 대통령의 임기 중이라 남북 간의 교류도 크게 늘고, 햇볕정책이 활성화되어서 시설들의 신축은 거의 없었습니다. 담당 공무원의 판단은 신축으로 바꾸기는 해야 하니까, 다른 시설에서 이월된 것들을 모아서 주기로 하였습니다.

건축하려면 건축비가 준비되어 있어야 합니다. 하늘을 바라봅니다. 수첩을 펼쳐 놓고 공적인 계획이 없는 날들에 교회 이름들을 적어 봅니다. 하늘을 바라보며 부탁합니다.

전국 장애인 시설 시설장 연찬회가 대전에서 있었습니다. 공식적인 오전 모임이 끝난 다음에, 점심시간을 이용해 대전에 있는 교회들에게 도움을 요청하러 다니기로 했습니다. 삼성교회로 가는 버스를 탔습니다. 버스를 타고는 대덕교회에 전화했습니다.

"여보세요. 대덕교회 이중삼 목사입니다."

목사님이 직접 전화를 받으셨습니다.

"저는 '요셉의집'에서 일하는 김○○입니다. 저녁 시간에 목사님을 뵈었으면 해서 연락드렸습니다."

"왜요?"

"저희 집이 낡아서 비도 새고 장애인들이 살기에 불편해서 새로 집을 지으려고 하는데 도움을 받고 싶어서요."

"얼마나 드리면 될까요?"

"교회에는 한 구좌에 2백만 원으로 해 놓고 도움을 받으러 다니고 있거든요. 교회 사정에 따라서 도와주십사 하고요."

"바쁘실 텐데 오시지 않아도 됩니다. 알았으니까요. 그리고 우리 교회에 설계사가 있는데, 설계도 해 드릴 수 있어요. 아주 싸게 해 줄 거예요."

이렇게 선뜻 도와주겠다는 교회는 별로 없었습니다. 그래서 더 기억에 남고 고마웠습니다. 하나님께서는 내가 지치지 않게 힘을 북돋아 주시려고, 수시로 이렇게 힘을 넣어 주시곤 했습니다. 그 교회 집사님의 설계사무소에서 설계도가 완성되었고, 건축예상액과 함께 건축설명서(시방서)도 나왔습니다. 이제는 전체 건축 예산액이 나왔으니 사업을 신청할 수 있게 되었습니다.

처음 건축 예상액이 7억 5천만 원이었고, 여기서 정부 보조금은 2억 5천6백4만 6천 원이었습니다. 건축하다 보면 비용은 늘 늘어나기 마련인데, 그것은 모두 자부담입니다.

1994년 8월에 우리가 소속된 사회복지법인 한국장

로고 복지재단에 건축 승인을 받기 위하여 서류를 제출했습니다. 법인 이사회가 열린다고 하여 회의에 참석했습니다. 하지만 우리 집의 건축 건은 부결 처리되었습니다. 이사들은 모두 목사님이나 장로님들이었습니다. 교회 사정을 누구보다 잘 아는 분들입니다. 당시 IMF사태가 터져 교회들의 헌금이 예산보다 적게 걷히는 상황에서 어떻게 그 큰돈을 모금해서 건축할 수 있겠냐며 부결시킨 것입니다. 사람의 힘으로는 안 될 수도 있다는 것은 누구나 다 압니다.

나는 법인이 임명한 시설장은 아니었습니다. 자원봉사를 하다가 하나님이 나를 감동시키시면서 맡기신 것입니다. 나를 임명하신 분은 '하나님'이라는 것을 명심하며 매사에 정성을 다했습니다. 그래도 가능하면 정식 절차를 밟아서 일을 진행하고 싶었기에 서류를 냈던 것뿐입니다. 법인 이사회에서 부결시켰다고, 하지 말아야 하는 건 아닙니다. 공무원도 감동시키시고, 나라도 움직이시는 분이 계시니까 걱정할 일이 아님은 분명합니다. 맑은 마음으로 열심히 하면 됩니다.

건축을 시작하게 되면서 '작은자의집'이라는 이름도

바꾸기로 하였습니다. '작은자의집'이라는 이름 때문에 많은 사람들이(교회에 다니지 않는 분들은 어린이집이라고 오해를 했습니다) 어린이들이 좋아하는 과자나 사탕, 어린이용 양말 같은 것들을 가져다주었습니다.

더 난처한 일은 교회에서 단체로 오셔서 '이 작은 자들이 죄를 회개하고, 병 고침을 받게 해 달라'고 기도하는 것입니다. 그럴 때면 몸 둘 바를 모르겠습니다. 이런 일이 있던 날은 지체장애인 식구들을 똑바로 쳐다볼 수 없을 정도로 민망했습니다. 이런 여러 가지 이유로 이름을 바꾸기로 하면서, 성경에 나오는 인물 중에서 고르기로 하였습니다.

'총리대신 요셉과 다니엘', 내가 좋아하는 선배들입니다. 둘 다 사용하면 이상하니까 '요셉'이 형제들로부터 격리되었다는 점이 우리와 좀 더 비슷하기에 '요셉의집'으로 고치기로 하였습니다. 형들로부터 내쳐졌지만 하나님께서 함께해 주심으로 총리대신까지 된 요셉을 닮아가는 식구들이 되었으면 하는 희망을 담은 이름입니다. 또 자신을 팔았던 형들까지도 모두 품어 준 요셉처럼, 우리들도 나를 집에서 내보낼 수밖에 없었던 가족들을 사랑하는 너그러운 마음이 꽃필 수 있기를 바라는 마음에서 바꿨습니다.

✄

직원까지 60명이나 되는 식구들과 살면서 새로 집을 짓는다는 것은, 일반 건축과는 비교할 수 없을 정도로 어려운 일이었습니다. 몸도 정신도 불편한 식구들과 같이 일 년 동안이나 같이 지낼 수 있는 집을 구하는 방법을 머릿속에다 그렸다 지웠다를 수도 없이 반복했습니다. 뾰족하게 좋은 실천 방법이 떠오르지 않았습니다. 저녁 식사와 예배가 끝난 다음에 가족회의를 했습니다. 우리는 많은 일들을 가족회의로 결정합니다. 특별히 식구들과 선생님들 사이에서 생기는 일들은 식구들의 의견을 반영합니다. 정신이 온전한 지체장애인들의 의견은 발달장애인의 마음까지도 전달하기 때문입니다.

먼저 우리 집의 심부름꾼인 내가 입을 열었습니다.

"우리 식구들이 다 알고 계신 것처럼 곧 건축이 시작될 겁니다. 우리 모두가 이사 가서 살 수 있는 방법을 생

각해 보았는데, 여기 우리가 살고 있는 이 집에서 사는 것
보다 더 불편할 수도 있을 결정을 했습니다. 다른 방법은
허가받기 전과 같이, 여자 식구들이 윗집에서 여기로 내
려와서 같이 사는 것이 가장 좋은 방법이라고….”

말이 끝나는 것 같아 보였는지, 우리 키다리 아가씨
인 숙연이가 말을 합니다.

“이모 우리 집 져?”

“네, 집을 지을 건데요.”

“이모 돈 많아?”

“네~에, 돈 많아요. 하나님이 많이 주셨지요.”

“이모, 그럼 우리 부자야?”

“네~에, 그럼요.”

교통사고 때문에 장애인이 되신 할아버지께서 숙연
이의 말을 막으십니다.

“숙연아, 우리 말 그만하고 이모 말 마저 듣자.”

숙연이가 얼굴을 붉히며 고개를 숙입니다. 할아버지
를 아주 많이 좋아하는 만큼, 더 마음이 아픕니다. 잠시
기다려 주었습니다.

“그래서 말인데요, 선생님들과 식구들이 의논하셔서

방을 다시 정해 주시면 고맙겠습니다. 건축이 끝나면 좀 더 좋은 곳에서 지낼 꿈을 꾸시면서 지켜봐 주시면 고맙겠습니다. 저는 건축비를 모금하러 다니느라고 그전처럼 여러분과 많은 시간을 같이 있지는 못하겠지만 필요할 때는 언제든지 같이 지내려고 합니다. 궁금한 것이 생기면 언제든지 말씀해 주실 거죠?"

다음 날 오전에, 추락 사고로 하반신 장애를 입으신 아주머님이 마당을 지나가고 있는 나를 부릅니다.

"원장님, 저… 있잖아요. 윗집에서 아래로 오르내리려면 다른 사람의 도움을 받아야 하거든요. 그러니까 새 집을 짓게 되면 평지에 지어 주시면 좋은데요."

"아! 그러네요. 그 생각까지는 못 했었는데, 그렇게 할게요. 그렇게 말해 주셔서 고맙습니다."

드디어 윗집에서 지내던 여자 식구들이 아랫집으로 내려왔습니다. 그다음 날에는 윗집이 뜯겨 나갔습니다. 다음 날에는 토목공사를 하는 분이 굴삭기 두 대와 같이 왔습니다. 굴삭기들은 1.5미터 높이의 언덕을 큰 바가지 같은 것으로 파서 계속 들어오는 15톤 트럭에 부었습니다.

식구들은 안전선 밖의 마당에 서서, 없어져 가는 윗집 땅을 바라보며 큰 소리로 놀라움을 표시합니다. 발달장애 남자애들은 오히려 신나서 경중경중 뛰어다닙니다. 롤러 한 대가 들어와서 거칠어 보이는 땅을 평평하게 고릅니다.

토목 책임자가 다가옵니다. 손에는 돈뭉치가 들려 있습니다.

"원장님, 이거 받으십시오. 2백만 원입니다. 찰흙이라 낚시터에 팔았습니다. 저수지에 물이 계속 빠져서 고민하던 분이 계셔서 거기에다 팔았습니다. 작지만 건축하는 데 보태십시오. 제 인건비는 계산하지 않았습니다. 건축비에 보태고 싶어서."

이럴 때는 할 수 있는 말이 없습니다. 너무 고마워서 머리를 아래로 수그리고 한참을 있었습니다. 그냥 먹먹할 뿐이었습니다. 언제 왔는지 우리 집 식구들이 옆에서 보고 있다가 손뼉을 칩니다. 고개를 돌려보니 어르신들도 숙연한 모습으로 바라보고 계십니다. 우리를 내려다보고 계시는 그분이 웃으면서 나를 다독여 주시는 것을 느낄 수 있었습니다.

건축비를 모으는 일도 바빴습니다. 도움을 구하러 다니면, 예상했던 대로 목사님들이 무척 난처해하셨습니다. 당신네 교회에도 건축비가 빚으로 남아 있다고도 하시고, 헌금도 잘 안 모여진다고 오히려 교회 걱정을 하시는 분들도 있었습니다. 그래도 어떤 목사님은 힘들겠다고 격려해 주기도 하셨습니다. 어떤 교회는 한 번 방문에 한 구좌 도와주시기도 했습니다. "원장님, 얼마가 모자라는데요?" 하고 물으시고는 1억 3천만 원이 남았다고 하니까, 필요한 금액의 십분의 일을 돕겠다고 하기도 하셨습니다.

하나님에 대한 공부를 전공하신 목사님들 앞에서는 하나님을 앞세워 이야기하지는 않았습니다. 하지만 관공서에 갔을 때에 건축비 염려를 하면서 돕는 공무원들 앞에서는 "하나님이 하고 계시다"는 말을 자주 했습니다. 경험도 없이 이루어져 가는 일들 때문에, 나도 놀라고 공무원들도 놀랐습니다. 공무원들이 격려의 말을 하면 고맙다고 대답하면서 "내가 혼자 하는 것이 아니고 하나님께서 하고 계신다"고 하면, 나에게 "목사님이냐?", "전도사님이냐?" 하고 물으면서 웃으시곤 했습니다. 지금이나 그때나 내가 '하나님' 노래를 하고 다니는 것은, 나는 실수를 하지만 하나님은 '실수도 실패도 아니 하신다'는 확신이 있기 때문입니다. 어린아이가 엄마만 있으면 모든 것이 평안하듯이, 하나님을 믿고 의지하는 것이 내가 일하는 방법이기도 했습니다. 내가 하나님을 앞세우고 다니다가 일이 잘 안 되면 하나님이 망신당하시니까 그렇게는 안 하실 거라는 자신이 있었습니다.

시공자 선정을 위한 공개 입찰이라는 것도 경험했습니다. 2000년 9월 6일에 기공 예배를 드렸는데, 12월 들어서면서 영하 5도 이하로 내려가는 기온 때문에 강제 중단시켰습니다. '신망애' 시설장이신 김양원 목사님이, 당신네 시설을 건축할 때 추위를 무릅쓰고 강행했다가 벽이 갈라지는 등 부실 공사가 되었다면서 중단을 적극적으로 권하셨습니다. 내가 건축에 대한 무지 때문에 고민하니까, 박래창 장로님께서 기도를 열심히 하고 설계 도면을 들여다보면 보이는 게 있을 것이라고 격려해 주시면서, 딸의 결혼 축하금으로 들어온 돈을 건축비로 쓰라고 주셨습니다. 신기하게도, 설계 도면과 시방서를 책상 위에 놓고 가만히 들여다보면 초등학교 교과서 내용처럼 쉽게 눈에 들어왔습니다. 그래서 감리까지도 잘할 수 있었고, 건축 자재들도 잘 외워져 쉽게 알아볼 수 있게 되었습니다.

2001년 2월에는 독일에 계시던 엄마가, 3월에는 시어머님이 세상을 떠나셨습니다. 시어머님 장례는 서울에서 있었기 때문에 새벽에 한 차례씩은 건축 현장을 둘러볼 수 있었습니다. 건축 중인 건물은 밖에서 보아도 창호가 똑바로 올라가지 않아서 현장 사무실에 메모를 남겨 놓았었습니다. 지적했는데도 불구하고 건축은 그대로 계속 진행되었습니다. 현장 소장이 시정하지 않아서 시공회사 사장에게 말했습니다. 그 일 때문에 현장 소장이 네 번이나 바뀌는 사건이 벌어졌습니다. 건축 기간이 늦어지는 것은 오히려 다행이기도 했습니다. 1억 원이 넘게 늘어난 건축비를 마련하기 위해 뛰어다닐 수 있는 시간이 생긴 것이기도 했기 때문입니다. 결국 건물은 이층 시작 부분부터 헐어내고 다시 올라갔습니다.

2001년 6월 11일, 우리 식구들은 군부대의 도움을 받아 새집으로 이사했습니다. 어르신들은 "와~, 궁궐 같네"하며 감탄하시고, 지적발달장애인 식구들은 "이모, 여기가 우리 집이야? 호텔 같다. 진짜 멋있다"하면서 (아직 마당의 통로가 다 만들어지지 않아서) 옆문으로 들어갔습니다. 우리 집 식구들이 시설 허가 받은 기념으로 제주도에 여행 갔을 때 머물렀던 호텔 기억이 남아 있었나 봅니다. 우리 집의 발달장애 식구들은 표현을 참 재미있게, 그리고 자연스럽게 잘합니다. 그 표현은 말이나 행동으로 나타나기 전에 얼굴에서부터 그려집니다. 둥그레진 눈과 벌어진 입, 그리고 이어서 나오는 제각기 다른 탄성은 그대로 자연의 소리입니다. 우리 집의 어른 나이의 아이들의 웃음은, 지체장애인들의 육체의 불편함을 바라보면서 쓰리고 아팠던 가슴을 닦아 주며, 모든 시름을 덜어 내기도 합니다.

청년 군인들은 마치 자기들 일처럼 신나게 우리와 함께 즐거워하면서, 무거운 짐들을 들고도 힘든 기색 없이 도와주었습니다. 한샘교회 신도들도 오셔서 침대도 만들어 주시고, 옷장 정리도 해 주셨습니다. 우리 집 식구들과 군인 청년들은 신나는 축제 장소에 가는 듯, 시끌벅적한 소리를 내며 들어갔습니다. 진짜 잔칫집 같았습니다. 윗동네에 있는 교회 목사님이 오셔서 입주 감사예배도 드렸습니다.

아마 하나님께서도 우리를 보시며 아주 많이 뿌듯하셨을 것입니다.

자매들 방에 옷장도 새로 넣었습니다. 가능하면 가정집과 같이 꾸몄습니다. 식당 의자도 편하게 구르는 하이팩 의자로 들여놓았습니다. 식당 바닥은 데코타일로 모양을 넣어서 만들고, 전등은 매립형 천장 등이 아닌, 샹들리에와 비슷한 목 있는 조명으로 달았습니다. 식구들이 목욕할 때도 춥지 않았으면 하는 바람으로 화장실 바닥에도 난방을 넣었습니다. 식당 이름은 '맛나방', 방들이 있는 공간은 '보금자리', '둥지'라고 이름 지었습니다.

13년 동안이나 살던 집은 사라져 가고 있습니다. 그 일도 통신대대 군인들이 사흘 동안이나 굴삭기를 갖고 와서 해 주었습니다. 생활관(예랑관)과 이용관(하랑관)을 이어 주는 통로도 만들었습니다. 그 통로에는 세브란스 원무과장님이 추천해 주신 탄성고무 매트를 깔았습니다. 잘 걷지 못하는 식구들이 걷다가 넘어져도 상처 나지 말라고 푹신한 것으로 골랐습니다. 건물 외관도 바라볼 때 심심하지 않게 돌출 창으로 벽을 장식했습니다. 방마다 아주 좋은 천으로 만든, 불에 잘 타지 않는 방염 커튼을 달아, 안전하고도 포근한 느낌이 들게 했습니다. 넓지는 않지만 마당에는 금잔디도 입혔습니다.

이제는 여기에 식구들을 맡기고 돌아가는 가족들 마음도 덜 괴로울 것입니다. 직원들도 자기 직장을 부끄러워하지 않아도 될 것입니다. 이제 집 안에서의 이야기들은, 맡은 자들이 계속 아름답게 써나가야 할 것입니다.

❧

하나님도 우리와 함께 바쁘게 일하시고 계셨습니다. 물론 사람들을 통해서. 그 사람들은 우리를 아는 사람도 있고, 생면부지인 분들도 많이 있었습니다. 많은 분들이 길가에 초라하게 서 있는 우리 집 안내 표지판을 보고 '들어가 보고 싶다'라는 마음이 생겨서 들어왔다고 하셨습니다.

건축하는 동안에는 사무실로 쓸 공간이 없어서, 컨테이너를 주문 제작하여 임시로 사용했습니다. 그런데 한 번도 만난 적이 없는 사람들이 그 사무실로 찾아오는 일이 빈번했습니다. 한창 더운 여름에 사무실 문을 열어 놓은 채로 우리들은 각자의 일을 열심히 하고 있었습니다. 느낌이 이상하여 출입문 쪽을 바라보니 단정하게 차려입은 젊은 신사 한 분이 사무실 안을 기웃거리고 있었습니다. 반사적으로 의자에서 일어난 나는 말문을 열었습니다.

"안녕하세요? 어떻게 오셨는데요?"

"예에~, 이상한 이정표가 서 있어서 여기가 뭐하는 곳인지 궁금해서 와 보았습니다."

"그러셨군요. 잘 오셨습니다. 우리 집은⋯."

이렇게 해서 우리 집, 아니 우리 식구들의 이야기를 하고 건축하고 있는 이야기를 했습니다. 이야기를 듣고 있던 젊은이는 손을 안주머니에 넣더니, 하얀 봉투를 꺼

내 책상 위에 가만히 내려놓고 일어났습니다.

"이 돈의 주인이 여기인가 봅니다. 저는 골프 가르치는 일을 하는 사람인데요, 오랫동안 이 돈을 가지고 다니면서 이 십일조를 낼 곳을 찾고 있었습니다. 하나님은 믿는데 교회에는 못 다니고 있거든요. 건축하는 데에 보태 주시면 고맙겠습니다. 바쁘신데 죄송합니다."

"고맙습니다. 요긴하게, 알뜰하게 잘 쓰겠습니다. 그런데 이름도 안 밝히시나요?"

"상관없습니다. 어차피 제 것이 아니고 바친 거니까."

봉투 안에는 3백만 원에 가까운 깨끗한 지폐가 누워서 쉬고 있었습니다. 봉투를 꺼내 놓은 그 젊은이는 뒤도 돌아보는 일 없이 종종걸음으로 떠나갔습니다. 이렇게 도움을 주신 분들이 여러 명이었습니다.

어떤 목사님은 오셔서 나를 물끄러미 바라보시더니 소리 없이 우셨습니다.

"사모님이 왜 이런 일을 하면서 고생하시는지 모르겠네요."

윗동네에 있는 교회에서 내가 누구의 아내라는 이야기를 들으셨나 봅니다. 윗동네 목사님도 내가 누구의 아내인지 모르고 2년을 지내셨습니다. 나중에 내 남편 이름을 알게 되신 후에 하신 말씀이 아직도 기억에 남아 있습니다.

"그러시면 안 되죠. 깜찍하게 속이시다니. 그동안 아주머니라고 해서 죄송합니다."

"아주머니가 어때서요. 아주머니 맞아요."

"그래도."

어느 날은 아침 일찍 출근했는데, 사무실 컨테이너 앞에 허름한 옷차림의 할머니 한 분이 기다리고 계셨습니다.

"난 새문안교회 은퇴권사입니다. 남편은 은퇴장로고요. 여기가 건축한다는 말을 듣고 적금을 들었습니다. 우리 수입이 별로 없으니까, 이사하는 집에서 내다 버린 상자들과 신문을 주워다 팔아서 저금을 해 왔는데 그 돈을 갖고 왔습니다. 작지만 벽돌 사는 데 보태 주시면 고맙겠습니다."

우리 집이 건축하는 것을 어떻게 아셨냐고 여쭈었더니 "여기 원장님이 건축비를 얻으려고 매일 돌아다닌다"

는 이야기를 여러 곳에서 들었다고 하시면서 힘내라고 하셨습니다. 이런 경우에는 뭐라고 인사를 해야 하는지 모르겠습니다. 두 손을 모아 공손히 봉투를 받았습니다. 그렇게 전율이 몸에 흐를 때마다 내 몸의 약함이 치유되고 있었음을 나중에 알았습니다. 건축 당시에 나는 '베체트'라는 희귀질환을 앓고 있었습니다.

또 하루는 아저씨 한 분이 오셨습니다. 사람들은 대부분 원장을 찾습니다.

"제가 원장인데요."

나를 아래위로 훑어보십니다. 허름한 추리닝 바지에 티셔츠를 입고, 생머리 차림으로 있는 여자가 원장인 것 같지 않은가 봅니다.

"내가 이 돈을 가지고 'ㅇㅇ시설'에 후원하러 갔는데요. 기가 막혀서 참~, 자기네는 후원금이 필요 없으니까 여기에 갖다 주라고 약도를 그려 줘서 왔습니다."

"그 시설은 경기 남쪽이잖아요. 그렇게 먼 데서 여기까지 오셨어요? 고맙습니다."

"그냥, 갖다 주는 데도 필요 없다고 하니까 궁금해서 와 봤습니다."

이렇듯 '그분이 나와 함께 일하신다는 증거로, 보내주시는 응원가'는 쉬지 않고 이어졌습니다. 한번은 건축이 중간 정도 진행되었을 때에 임영수 목사님과 교인들이 찾아오셨습니다. 컨테이너 사무실로 안내했습니다. 좁은 공간에 둘러앉아서 우리 집 현황을 말씀드리기 시작했습니다. 이야기를 들으시던 목사님의 눈에 반짝이는 물방울이 비쳤습니다.

"1억을 드리면 되겠습니까?"

대답을 할 수가 없었습니다. 그냥 목사님을 바라보았습니다. 그 교회에 후원 요청 공문도 보내고, 찾아가도 사무실에서 막히고, 그래서 당회장실 앞에서 기다리다가 목사님을 만나 뵙고 청구서 아닌 후원 요청서를 드리고… 그렇게 했던 지난 일들이 밤거리의 가로등처럼 지나갔습니다. 차를 운전하면서 갈 때에, 아름다운 가로수들이 마구 뒷걸음질 치면서 시야에서 사라지듯이 비켜 갔습니다.

그분들이 가셨습니다. 컨테이너 안에서 일하고 있던 직원들에게 물었습니다.

"목사님이 얼마를 주신다고 했죠? 들으셨어요?"

"1억이요."

"1억이요."

내가 들은 게 맞았나 봅니다.

다음 날, 대전 설계사무소로 갔습니다. 설계사 두 사람과 나, 세 사람이 둥근 설계 책상에 앉아서 궁리했습니다. 20분도 넘는 시간 동안 설계 도면을 뚫어지게 들여다보았습니다. 날려 보내 주시는 돈이 어디에 필요한 것인지 찾아내기 위해서였습니다. 거의 동시에 얼굴을 들었습니다.

"이 일자 건물에, 날개를 이렇게 달면 훨씬 포근한 환경이 되겠는데요. 어떠세요?"

다른 설계사도 그렇다고 합니다. 나도 허전했던 곳에 그림이 채워졌습니다. 그분이 보시기에 무언가 빠진 게 있었던 것이 분명하였습니다. 그렇게 하라고 그만큼의 돈을 주신 것이었습니다. 우리 세 사람은 박수를 크게 치고, 악수를 했습니다. 설계 도면을 세 번이나 변경하고, 그 설계대로 우리들의 집이 지어졌습니다.

하루는 내 친구에게서 전화가 왔습니다. 암으로 투병 중인 친구입니다.

"나, 장명희, 그 회원권 팔았다. 너희 집 짓는 데에 같이하고 싶어서. 많이 올랐더라. 지금 천만 원 입금하고 왔으니까 확인해 봐. 내가 없어도 집 잘 짓고 잘 살아. 내 몫까지~."

힘들 때면 서로 기대고 의지했던 친구입니다. 한번은 '작은자의집'에 와서 이틀을 같이 지내고 가기도 했었습니다. 이렇게 우리 집은 갖가지 사연을 밑거름으로 기초를 닦았습니다.

어떤 월간지 기자는 나에게 '예수 거지'라는 별명을 붙여 주었습니다. 이 교회, 저 교회 돌아다니면서 도와 달라고 사정한다고 해서 붙여 준 이름일 것입니다. 나는 어떤 거지가 되든 상관없이 살았습니다.

"원장님, 이렇게 바쁘시니까 취재에 응하지 않겠다고 했군요. 그나저나 내가 취재하러 다니면서 후원금 내보기는 처음입니다."

그 기자는 내게 멋진 별명을 만들어 주었을 뿐만 아니라 50만 원이라는 거금도 주고 갔습니다. 꾸어 준 돈도 달라는 소리를 못하던 내가 많이도 변했습니다. 누가 돈을 주면, 내 돈 받듯이 덥석덥석 잘도 받았습니다. 그러니까 '거지'가 맞는가 봅니다.

유치원 어린이들이 쏟아 놓고 간 동전들, 어린 학생들이 보태 준 천 원짜리들, 군인들이 놓고 간 만 원짜리 지폐들, 5만 원, 10만 원, 많게는 1억 원까지… 참 많은 교회들과 움직이는 천사들의 도움을 받았습니다.

필요에 따라 보내 주시는 걸어 다니는 천사들에 의해 부족함이 채워졌습니다.

❧

나는 약하디약한 인간인 나의 한계를 넘어서는 일을 하고 있었습니다. 그분이 기뻐하시리라는 확신이 있기 때문에 시작한 일임을 하나님은 알고 계신다고 믿었습니다. 그 증거는 준공 예배를 드리기 전날까지도 나타났습니다.

준공 예배를 일주일 앞두고 결산을 대충 맞추는데, 땅 구입비까지 13억이 넘는 총액에서 100만 원 정도가 모자랐습니다. 그렇다고 준공 예배를 미룰 수도 없는 일이었습니다. 건축 뒤끝의 어질러진 주변을 정리하면서 어디 가서 돈을 얻어올까 지혜를 구했습니다.

아직 가지 않은 교회들도 떠올려 보았습니다.

그때 사무실에서 직원이 나와서 소리를 질렀습니다.

"원장님, 빨리 와서 전화 받으세요."

달려갔습니다.

"여보세요. 원장 김○○입니다."

"수고가 많으시다는 말 들었습니다. 내일 영락교회 베다니홀에서 찬양이 있는데 '요셉의집' 원장님도 동참해 주셨으면 합니다. 꼭 오셔야 해요."

"네, 알겠습니다. 고맙습니다."

그다음 날 저녁 7시에 영락교회로 갔습니다. 목회자 사모님들 모임이었던 것으로 기억합니다. 찬양이 다 끝난 뒤에 진행자가 '요셉의집' 원장님 나오라고 불렀습니다. 온전한 정신이었다면, 돈 받으러 나오라고 하면 창피해서 거절했을 것입니다. 언어먹는 데 너무 자신만만하고 뻔뻔했던, 그 당시 일들을 떠올려 보면 지금도 이해가 안 되고 어처구니가 없습니다.

앞에 나가 인사를 어떻게 했는지도 모르겠습니다. 모임을 마치고 난 뒤, 차 운전석에 앉아서 하얀 봉투를 열어 보았습니다. 100만 원짜리 수표 한 장! 가슴이 떨렸습니다. 하나님은 엘리야에게 까마귀들을 시켜서 먹을 것을 보내 주셨답니다. 그 먹을 것이 빵이든, 고기든, 무화과든, 대추야자든.

우리 집은 하나님, 그 님의 도우심으로 인해 조경까지 끝내고 준공 예배를 드렸습니다. 준공 예배 중에 특별 찬송은 우리 집 식구들이 했습니다.

여전히 '사철에 봄바람 불어 잇고'입니다. 성씨도, 모양새도, 장애 종류도, 부모도, 고향도, 모든 것이 서로 다른 사람들이 애창하는 찬송이 이것입니다.

�֍

황화자 전도사님이 위암 진단을 받은 후, 내게 와서 쉬던 나흘 동안 들려준 모든 말들이 유언으로 남아 있었습니다. 다른 면으로 해석하면 하나님께서 내게 시키신 일이라고도 여겨졌습니다.

"사모님, 있잖아, 우리 거기 '작은자의집' 땅에다 이 층집을 짓자. 그리고 예배당도 지어서 장애인들도 편하게 따로 예배드리자." 이것이 마음씨가 참 예뻤던 황 전도사님이 하고 싶어 하던 일이었고, 하나님이 원하셨던 일이었던 것이 분명합니다.

우리는 예배당도 지었습니다. 예랑관(생활관)과 하랑관 사이에 있는 땅의 토지대장을 발급받아 주인을 찾아갔습니다. 요셉의집에 필요한 땅이라고 설명했습니다. 우리 장애인들이 요긴하게 쓰고 싶으니, 우리가 사게 해 달라고 사정했습니다. 고맙게도 땅 주인은 부인의 반대에도 불구하고 우리에게 땅을 넘겨주었습니다.

우리는 그곳에 예배당을 지었습니다. 강단은 휠체어가 올라갈 수 있는 경사로도 만들었습니다. 예배당 안에는 수련회로 온 봉사자들이 땀 흘린 몸을 씻을 수 있는 샤워 시설도 갖추었습니다.

우리 식구들은 (일어설 수 없으니까 휠체어에 앉은 채로) 휠체어 댄스를 하며, 찬양을 하며, 때로는 방문자들과도 어우러져서 찬양하며, 하나님께 어리광도 부리면서 예배를 드립니다.

가끔 황 전도사님 생각을 했습니다. 그이도 내려다보면서 좋아할 것이라는 생각에 나도 같이 웃을 수 있었습니다. 이제는 그이를 통해서, 그리고 나를 사용하셔서 하

려고 하셨던 일이 끝난 듯도 했습니다.

　2003년 12월 31일. 내게 맡겨졌던 일을 고스란히 내려놓고 몸만 빠져나오는 날은 수요일이었습니다. 사무실 동 직원들은 다 퇴근하고 사무국장만 남아 있었습니다. 나는 식구들 누구에게도 오늘이 마지막이라고 말하지 못했습니다.

　울리고 싶지 않았습니다.

　울고 싶지도 않았습니다.

　12월 31일, 겨울밤은 빨리도 내려앉았습니다.

　수요일 저녁 7시에는 항상 삼일예배가 있습니다.

　깜깜한 밤이 되었습니다.

　밤에는 예배당으로 가다가 다칠까 봐, 맛나방에서 예배를 드립니다.

　　사철에 봄바람 불어 잇고
　　하나님 아버지 모셨으니
　　믿음의 반석도 든든하다
　　우리 집 즐거운 동산이라
　　고마워라 임마누엘

예수만 섬기는 우리 집

　　고마워라 임마누엘

　　복되고 즐거운 하루하루

또 이 찬양을 하고 있었습니다.

찬양 가사 그대로 그렇게 살 수 있게 도와주시기를 기도하면서, 하나님이 계신 우리들의 마지막 집으로 데려가실 그날까지, 사철에 봄바람 불어 주시기를 기도하면서.

차창을 열고 찬양 소리를 들으면서 다시 뒤돌아보았습니다. 태어나면서부터 서른 살이 넘도록 누워 있어야만 하는 석윤이의 어눌한 발음의 찬양 소리도 들리는 듯합니다. 학원에서 유명한 수학 강사였다던, 지금은 누워만 계시는 선생님의 숨 가쁜 소리도 귓가에 맴돕니다.

"한때는 나도 좋았는데. 이모, 내가 다 나으면 뭐 만들어 줄까?"

"짜장면이요."

"나 짜장면 잘 만드는데…. 그럴게요. 맛있게."

"고마워요."

169

분식점을 운영하며 꿈을 키우고 열심히 살던 문광 형제. 악당에 의해 그날의 수입금을 빼앗기고 폭력에 의해 각종 장애를 갖게 된, 그래서 휠체어에 앉아 있는 청년의 애타는 소리가 생생히 들려옵니다. 그 소리에 지금도, 생각만 해도, 가슴이 답답하게 막히며 눈시울이 적셔집니다.

의료진이 척추결핵 수술을 하다가 실수로 신경을 건드려서 하반신 마비가 된 장로님이 예배를 인도하십니다. 그 모습이 눈물에 가려서 아물거리다가 사라집니다.

"내가 장애인이 안 되고 의사가 되었다면 교만해질까 봐서… 하나님이 날 사랑하셔서 이렇게~"라고 말끝을 흐리시던 모습에 지금도 가슴이 쓰려옵니다.

그러시고는 천만 원을 주셨습니다.

"장로님, 어떻게 이렇게 큰돈을….."

"내가 이렇게 되기 전에 의예과 다닐 때에 가정교사 하면서 저금해 놓았던 것과 허가받기 전에 생보비(지금의 기초생활수급비) 모아 놓았던 겁니다."

"그래도….."

"여기가 내 집이니까 당연히 함께해야죠. 원장님이

그렇게 뛰어다니는데….”

위선자라는 온갖 비난의 목소리도 달게 받으시면서도 하시는 말씀은 항상 같습니다.

“나는 그보다 더 큰 죄인입니다”라고 읊조리시던, 이젠 연로하신 장로님의 모습도 머릿속에 와서 박힙니다.

“아가씨 몇 살이에요?” 하는 방문자의 질문에 항상 얼굴을 붉히면서 “관석이하고 같아요”라고 대답하는 키가 호리호리하게 크고 날씬한 숙연이가 기다란 몸을 흔들거리며 달려오는 모습도 보입니다.

풋포도도 맛있다고 따 먹으며 좋아하던, 유난히도 과일을 좋아하던 영애 자매의 잔잔한 미소도 마주 보입니다.

몸도 비뚤어졌는데, 빠진 턱을 빨리 맞추지 않아서 온종일 입을 벌리고 침을 흘리며 지내야 하는 아저씨가, 침 냄새를 풍기며 온몸을 흔들거리며 반갑다고 웃으며 다가오는 모습도 아른거립니다.

밥 먹는 시간 외에는 양반다리를 하고 앉아서, 눈에 띄는 책은 아무거나 가리지 않고 읽고 있는, 다운증후군 증세가 심한 아저씨(이 친구의 아버지는 교수님)도 입을 오물거리며 앉아서 바라봅니다.

"그 사람이 내 눈앞에서 목을 매는데도 움직일 수가 없어서…." 부인이 죽으려 하는데도 마비된 몸이 말을 안 들으니까 보고 있을 수밖에 없었다면서, 아픈 마음을 쥐어짜면서 지내시는, 울고 계시는 경추장애인 어르신의 얼굴도 다가옵니다.

우리 모두가 옮겨 다녀야 할 일이 다시는 없을, 빛나는 우리들의 집, 병원이 필요 없는 그곳, 장애인도 없을 그곳, 하늘나라에서 모일 때는 하나님 앞에서 서로의 자랑거리가 되었으면 참 좋겠습니다.

우리는 예수님 때문에 참 평안하고 행복하게 살았다고, 싱글벙글 웃으며 말할 수 있을 것입니다.

이 땅 위에서 사는 동안, 이들 모두에게, 찬양 가사 그대로 그렇게 살 수 있도록 계속 도와주시기를 기원하면서.

하나님이 계신 나라, 예수님이 준비해 놓으신 우리들의 아름다운 진짜 집.

우리들의 그 진짜 집으로 옮겨 갈 그날까지,

사철에 봄바람 불어 주시기를 기원하며….

끝나는 이야기

'시작하는 이야기'가 있었으니,

'끝나는 이야기'도 있어야 하겠지요.

누구나 다 이 정도의 글은 쓸 수 있다고 여기는 글을

끝내려고 하니 멋쩍어지면서도,

그런 글이 명문名文이라고 한 파스칼 대선배의 말로

이 순간, 큰 위로를 받습니다.

지금까지 정리한 글은

제 머릿속에서 지어낸 이야기가 아니라,

실제로 있었던 일들을 적어 내려간 것입니다.

그때의 상황을 더 현장감 있게

자판에 두드리지 못한 것이 못내 아쉽기는 하지만,

맺어 주신 인연으로,

모든 것을 아우르며 살아온 이야기 중의 일부입니다.

그동안 저 자신도 많이 놀라고, 감동받고, 변하고,

지혜를 주시는 대로 발휘해 오며 살았습니다.

어떤 때는

"제발 그만 감동시키세요"라고 부탁도 드려 가며.

천진난만 싱글벙글 식구들,

이리 삐뚤, 저리 삐뚤, 뒤틀린 몸을 가지거나,

몸의 모양은 가졌으나 제대로 쓸 수 없는,

가슴 아픈 사연을 담고 사는 식구들과 함께

이성理性으로는 이해할 수 없는 사랑을 하며 살았습니다.

예수님의 말씀이

현장에서 그대로 나타나는 기적들을 경험하며,

내가 그들을 사랑한 것이 아니라

그들을 통해서 보내 주시는 하나님의 사랑을 체험하며,

매 순간 몸에 전율을 느끼며 살았습니다.

지금도, 어디서 그런 힘이 샘솟듯 솟아나서
행복하고 즐거운 역사를 이루어 왔는지
다 설명할 수 없습니다.
하지만 하나님의 큰 이야기 속으로 들어가, 그 일원이 되어
싱글벙글 식구들과 한마음으로 더불어 살아왔습니다.
예수님의 첫 번째 기적에서
물이 최상급의 포도주가 되었다는 사실을
잘 알고 있는 사람들은
'항아리에 물을 채운 자들'이라는 기록이 있듯이,
나는 주님의 일하심을 목격하는 귀한 경험을 한 것입니다.

"주 섬기어 살면 주 닮으리니,
날 보는 이마다 주 생각하리."
이 찬송을 부르며,
내게 보여 주신 놀라운 일들을 명심하고 살아갈 것입니다.
그러면 천국에 가서 주님을 더 잘 섬길 수 있을 것입니다.
그리고 숨겨져 있던 이야기들을

같이 나눌 수 있는 세상으로 이끌어 내 준
아들과 며느리에게 고맙다고 말하고 싶습니다.
아름다운 이야기들을 어엿한 책으로 나오도록 도와준
비아토르 출판사에도 감사를 드립니다.

끝나는 이야기도 여기서 접어야겠습니다.
이 이야기 속에 들어오신 모든 이들에게도
내게 임한 평안이 함께하기를.

하나님의 향기가 장미 내음으로 퍼지는
2021년 5월, 푸르름의 옆구리에 앉아서

'요셉의집' 신축 전과 후의 모습

김재신 1944년, 평양에서 태어나 해방되기 직전에 서울로 내려왔다. '재신在信'은 할아버지가 장손이 태어나면 주려고 준비한 이름이었으나, '준수하게' 생긴 셋째 손녀가 태어나자 그 이름을 주었다고 한다. 남부러울 것 없는 환경에서 나고 자랐으며, 넘치지 않을 만큼 공부했고, 아쉬움 없을 정도로 맡겨진 역할에 최선을 다했다. 평소 그림 그리는 것을 좋아했고, 인생의 바쁜 시기에는 짬을 내어 글 쓰는 것이 '일락一樂'이었다. 막내인 딸까지 대학에 들어간 후에는 하고 싶었던 봉사활동을 하며 하나님의 무소부재無所不在, 전지전능全知全能하심을 체험하며 살고 있다.

걸어 다니는 천사 이야기

글 · 김재신

초판 1쇄 발행 2021년 6월 1일

펴낸이 김도완
등록 제406-2017-000014호(2017년 2월 1일)
전자우편 viator@homoviator.co.kr
전화 02-929-1732

펴낸곳 비아토르
주소 서울시 종로구 삼일대로 428, 500-26호
(우편번호 03140)
팩스 02-928-4229

편집 김도완
제작 제이오
제본 (주)정문바인텍

디자인 즐거운생활
인쇄 (주)민언프린텍

ISBN 979-11-88255-97-9 03230